Mein Leben im Süden

Jacob Stroyer

Writat

Diese Ausgabe erschien im Jahr 2024

ISBN: 9789359940755

Herausgegeben von
Writat
E-Mail: info@writat.com

Inhalt

VORWORT.

VIERTE EDITION.

Als der Autor sein Buch zum ersten Mal der Öffentlichkeit vorstellte, rechnete er nicht mit der großen Zustimmung, die es finden würde. Die erste Auflage war bald vergriffen, eine zweite und eine dritte wurden angefordert und diese wurden ebenso großzügig aufgenommen wie ihre Vorgänger. Die vorliegende, vierte Auflage enthält neben allem, was in den früheren Veröffentlichungen enthalten war, einige neue Materialien über die persönlichen Erfahrungen des Autors im Bürgerkrieg.

Der Autor dankt den Menschen für die gegebene Unterstützung und hofft, dass sein jüngstes Projekt auf Zustimmung stößt. Außerdem erzählt er seine eigene Geschichte und die seiner einst unterdrückten Brüder.

KAPITEL I.

Mein Vater wurde in Sierra Leone, Afrika, geboren. Über seine Eltern und seine Brüder und Schwestern weiß ich nichts. Ich erinnere mich nur, dass sein Vater Moncoso und seine Mutter Mongomo hießen . Diese Namen sind nur den eingeborenen Afrikanern bekannt. Er wurde als Junge aus Afrika geholt und an den alten Colonel Dick Singleton verkauft, der viele Plantagen in South Carolina besaß. Als der alte Colonel seinen Besitz unter seinen Kindern aufteilte, fiel der Vater an den zweiten Sohn, Col. MR Singleton.

Meine Mutter wurde nie verkauft, ihre Eltern jedoch schon. Sie gehörten einem gewissen Mr. Crough , der sie und die übrigen Sklaven zusammen mit der Plantage an Col. Dick Singleton verkaufte, auf dessen Anwesen meine Mutter geboren wurde. Ich wurde im Jahr 1849 auf dieser ausgedehnten Plantage geboren, 28 Meilen südöstlich von Columbia, South Carolina. Ich gehörte Col. MR Singleton und war bis zur Emanzipationsproklamation von Präsident Lincoln Sklave.

DIE KINDER.

Mein Vater hatte fünfzehn Kinder: vier Jungen und drei Mädchen mit seiner ersten Frau und acht mit seiner zweiten. Ihre Namen waren wie folgt: die Jungen – Toney, Aszerine , Duke und Dezine ; die Mädchen – Violet, Priscilla und Lydia. Die seiner zweiten Frau waren wie folgt: Footy, Embrus , Caleb, Mitchell, Cuffey und Jacob und die Mädchen – Catherine und Retta .

TAGE DES SANDHÜGELS.

Col. MR Singleton war wie viele andere reiche Sklavenbesitzer im Süden, die ihre Sommersitze vier, sechs oder acht Meilen von der Plantage entfernt hatten, wohin sie die kleinen schwarzen Jungen und Mädchen brachten, die zum Arbeiten noch zu klein waren.

Unser Sommersitz oder der Sandhügel, wie ihn die Sklaven nannten, lag vier Meilen von der Plantage entfernt. Unter den vierhundertfünfundsechzig Sklaven, die dem Oberst gehörten, befanden sich sehr viele Kinder. Wenn meine Leser die Plantage von Oberst Singleton am Ende Mai oder am ersten Juni in den Tagen der Sklaverei besucht hätten, hätten sie drei oder vier große Plantagenwagen gesehen, die mit kleinen Negern beiderlei Geschlechts, unterschiedlicher Hautfarbe und Verfassung beladen waren und zu dieser Sommerresidenz gebracht wurden, und unter ihnen hätten sie den Autor dieses kleinen Werks in seinen Sandhügeltagen gefunden.

Meine Leser fragen natürlich, wie viele Saisons diese Kinder auf die Sommersitze gebracht wurden. Ich antworte: bis sie nach Einschätzung des Aufsehers groß genug zum Arbeiten waren; dann wurden sie auf der Plantage behalten. Wie wurden sie ernährt? Es gab drei oder vier Frauen, die zu alt waren, um auf der Plantage zu arbeiten, und die als Kindermädchen zu den Kindern auf die Sommersitze geschickt wurden; sie kochten. In meiner Zeit auf den Sandhügeln kochten diese alten Frauen für 80 und manchmal 150 Kinder folgendermaßen: Sie hatten zwei oder drei große Töpfe, die jeweils etwa einen Scheffel fassten, in denen sie Maismehl kochten, das mit großen Holzspaten umgerührt wurde. Das Essen wurde mit den Spateln in die kleinen Holztabletts oder Blecheimer jedes Kindes verteilt, die von den Eltern je nach ihren Fähigkeiten bereitgestellt wurden.

Zu diesem Maismehl, das die Sklaven „Mush" nannten, bekam jedes Kind täglich ein Viertel saure Milch, die in einem großen hölzernen Eimer von der Plantage gebracht wurde, auf den Kopf eines Jungen oder Mannes. Wir Kinder mochten die saure Milch oder die harte Milch, wie sie von den Sklaven genannt wurde; aber diese selten wechselnde Nahrung, nämlich der „Mush", wurde mehr gehasst als Medizin. Unser Hass auf den „Mush" wurde noch dadurch verstärkt, dass sie uns Melasse statt Milch dazu zu essen gaben. Die verhasste Mischung ließ uns die kommenden Sonntage kaum erwarten, wenn unsere Mütter, Väter, Schwestern und Brüder etwas von der Plantage mitbrachten, das wir, so dürftig es auch war, im Vergleich zu dem, was wir unter der Woche hatten, als sehr lecker empfanden. Unter den vielen begehrenswerten Dingen, die uns unsere Eltern brachten, waren die köstlichsten Kuherbsen , Reis und ein Stück Speck, zusammen gekocht; die Mischung wurde von den Sklaven „Hopping John" genannt.

DIE GESCHICHTE VON GILBERT.

Jedes Jahr wurden einige große Jungen als Führer zu den kleineren zu den Sandhügeln geschickt. Zu der Zeit, auf die ich mich beziehe, gab es einen namens Gilbert, der mit den kleineren Jungen im Wald herumging, um Sträucher und Stöcke zu sammeln, damit die alten Frauen unser Essen kochen konnten.

Gilbert war ein grausamer Junge. Er zog seine kleinen Negerkameraden im Wald aus und peitschte sie zwei- oder dreimal pro Woche, so dass ihre Rücken ganz vernarbt waren, und drohte ihnen mit strengeren Strafen, wenn sie es erzählten; dieser Zustand hielt schon eine ganze Weile an. Da ich Gilberts Liebling war, war es mir immer gelungen, einer Prügelstrafe zu entgehen, indem ich versprach, das Geheimnis der Strafe der anderen zu bewahren, was ich auch tat, nicht so sehr, weil ich Angst vor Gilbert hatte, sondern weil ich immer dazu neigte, mich um meine eigenen

Angelegenheiten zu kümmern. Aber schließlich sagte Gilbert eines Tages zu mir: „Jake", wie er mich nannte, „du bist ein guter Junge, aber ich werde dir heute ein paar Schläge verpassen , so wie ich dich schlage. " dem „ Toder Boys." Natürlich musste ich mein einziges Kleidungsstück ausziehen, ein Leinenhemd aus Osnaburg , das im Sommer von beiden Geschlechtern der Negerkinder getragen wurde. Als ich zitternd vor meinem gnadenlosen Vorgesetzten stand, der eine Gerte in der Hand hielt, gingen mir tausend Gedanken durch den Kopf, wie ich die Prügel loswerden könnte. Schließlich fiel mir ein Plan ein, von dem ich hoffte, dass er mich vor einer Strafe retten würde, die mir schon bald bevorstand. In einiger Entfernung von uns waren einige Zimmerleute im Wald und hauten Holz. Sie waren weit weg, aber es war ein klarer Morgen, sodass wir ihre Stimmen und das Geräusch der Äxte hören konnten. Nachdem ich mir überlegt hatte, was ich tun würde, begann ich widerstrebend, mein Hemd auszuziehen, und flehte gleichzeitig Gilbert an, der mein Gebet nicht beachtete, sondern sagte: „Jake, ich werde dich heute genauso auspeitschen wie ich sie damals geschlagen habe . " toder boys." Nachdem ich mich davon überzeugt hatte, dass Gilbert keine Gnade kannte, zog ich mein Hemd aus, warf es ihm über den Kopf und rannte los in die Richtung, aus der die Zimmerleute kamen. Als er sich endlich aus meinem Kleidungsstück befreit hatte, hatte ich einen ziemlichen Vorsprung vor ihm. Zwischen meinem Ausgangspunkt und der Stelle, wo die Zimmerleute arbeiteten, sprang ich über ein paar fünf oder sechs Fuß hohe Büsche. Gilbert holte bald auf und berührte mich manchmal mit den Händen, aber da ich nichts hatte, woran er sich festhalten konnte, konnte er mich nicht festhalten. Als ich in Sichtweite der Zimmerleute kam, bat Gilbert mich, nicht zu ihnen zu gehen, denn er wusste, dass es schlecht für ihn wäre, aber da ich zu diesem Zeitpunkt nicht auf seine Bitten hören konnte, ging ich schneller weiter. Als ich mich den Zimmerleuten näherte, rannte einer von ihnen auf mich zu und sprang in seine Arme. Der Mann, in den ich rannte, war Onkel Benjamin, der Onkel meiner Mutter. Als er mich in seine Arme nahm, sagte er: sagte: „ Bres de Lo, mein Sohn, was ist los?" Aber ich war so erschöpft, dass es eine ganze Weile dauerte, bis ich ihm mein Problem erzählen konnte. Als ich mich von meinem atemlosen Zustand erholt hatte, erzählte ich ihm, dass Gilbert die Angewohnheit hatte, die Jungen zwei- oder dreimal pro Woche auszuziehen und zu peitschen, wenn wir in den Wald gingen, und ihnen mit noch größerer Bestrafung drohte, wenn sie es erzählten. Ich sagte, er hätte mich noch nie zuvor ausgepeitscht, aber ich sei ermahnt worden, das Geheimnis zu bewahren, was ich bis zu diesem Zeitpunkt getan hatte. Aber er sagte, er würde mich heute Morgen auspeitschen, also warf ich ihm mein Hemd über den Kopf und rannte hierher, um mich zu schützen. Gilbert folgte mir nicht, nachdem ich die Zimmerleute gesehen hatte, sondern schlich sich davon. Natürlich war mein Körper ganz zerschrammt und von den Büschen zerkratzt. Als Führer für

Onkel Benjamin führte ich ihn dorthin, wo ich mein Kleidungsstück gelassen hatte.

Zu dieser Zeit waren die Kinder im Wald verstreut und warteten darauf, was der Ärger bringen würde. Sie wurden alle zusammengetrieben und zum Sandhügelhaus gebracht, untersucht und es stellte sich heraus, dass sie, wie ich bereits erwähnt habe, alle Narben auf dem Rücken hatten. Gilbert wurde vor Gericht gestellt, schwer ausgepeitscht und sie ließen ihn alle Kinder anflehen, ihm seine Behandlung zu verzeihen. Aber er durfte während dieser Jahreszeit nie mit den anderen Kindern in den Wald gehen. Meine Sandhügel-Kameraden dankten mir immer für mein Vorgehen, das sie und mich vor weiterer Bestrafung durch ihn bewahrte.

HERRCHEN UND HERRIN ZU BESUCH.

Neger auf dem Sandhügel besuchen wollten , wurde die Nachricht entweder vom Aufseher überbracht, der am oben genannten Ort wohnte und zur Plantage und wieder zurück fuhr, oder von einem der Hausangestellten des Herrn, und zwar einen Tag vorher. Die Vorbereitungen für den Empfang unserer weißen Gäste bestanden darin, dass jeder kleine Neger gewaschen und in sein bestes Kleid gekleidet werden musste. Doch bevor dies geschah, wurde der erfolglose Versuch unternommen, unsere widerspenstige Wolle mit einigen kleinen Kärtchen oder Jim-Crows, wie wir sie nannten, zu glätten.

Einmal versuchte eine alte Dame namens Janney Cuteron , meine Wolle mit einem dieser Jim-Crow-Glätter zu glätten; als sie mit ihrer großen männlichen Hand die Zähne des Instruments in meine unnachgiebige Wolle bohrte, wurde ich natürlich flach auf den Rücken geworfen. Dies war das übliche Schicksal der meisten meiner Kollegen, deren Wolle von der gleichen Art war, aber mit ein wenig Wasser und der kräftigen Anwendung des Jim-Crow-Glätters kämmte die alte Dame meine Wolle bald in eine gewisse Form.

Da unsere Vorbereitungen im Allgemeinen eine Dreiviertelstunde vor dem Eintreffen unserer Gäste abgeschlossen waren, wurden wir in einer Reihe aufgestellt, die Jungen zusammen und die Mädchen allein. Dann wurde uns die Kunst beigebracht, unsere erwarteten Besucher anzusprechen. Die Jungen mussten sich mit gesenktem Kopf nach vorne beugen, den Körper auf dem linken Fuß abstützen und den rechten Fuß nach hinten auf dem Boden abschleifen und dabei die Worte „Wie geht es Massie und Missie ?" aussprechen. Die Mädchen mussten dieselben Worte verwenden und dabei eine Höflichkeitsgeste einlegen. Aber als Herr und Herrin gegangen waren, wurden die kleinen afrikanischen Wollen vernachlässigt, bis die Nachricht von ihrem nächsten Besuch kam.

Unsere Tage auf den Sandhügeln waren sehr angenehm, abgesehen von der selten wechselnden Kost, nämlich dem Brei, den wir manchmal mit Melasse essen mussten, der Behandlung durch Gilbert und dem Versuch, unsere widerspenstige Wolle zu glätten.

Ich sagte, mein Vater sei als Junge aus Afrika geholt und an den alten Col. Dick Singleton verkauft worden. Als die Kinder volljährig waren, teilte der Colonel seine Plantagen unter ihnen auf, und der Vater fiel an Col. MK Singleton, den zweiten Sohn.

Auf dieser großen Plantage gab es 465 Sklaven. Als die Plantage an Oberst MR übergeben wurde, waren es noch nicht so viele, bis zur Emanzipation stieg ihre Zahl jedoch auf die oben angegebene Zahl an.

Mein Vater war kein Feldarbeiter. Soweit ich mich an ihn erinnere, kümmerte er sich im Sumpf um Schweine und Kühe. Als er für diese Arbeit zu alt war, schickte man ihn auf die Plantage, um sich um Pferde und Maultiere zu kümmern, da der Herr viele davon auf seiner Farm hatte.

Ich habe angegeben, dass Vater sagte, sein Vater hieß in Afrika Moncoso und seine Mutter Mongomo , aber ich habe nie erfahren, welchen Namen er trug, bevor er in dieses Land gebracht wurde. Ich weiß nur, dass er sagte, Col. Dick Singleton habe ihm den Namen William gegeben, unter dem er bis zu seinem Tod bekannt war. Vater hatte einen Nachnamen, Stroyer , den er nicht öffentlich verwenden durfte , da der Nachname Stroyer gegen das Gesetz verstoßen hätte; er war nur unter dem Namen William Singleton bekannt, weil das der Name seines Herrn war. Daher war ihm der Titel Stroyer verboten und durfte erst nach der Sklavenbefreiung von seinen Kindern verwendet werden.

Die Sklavenhalter gaben zwei Gründe an, warum sie einem Sklaven nicht erlaubten, seinen eigenen Namen zu verwenden, sondern den seines Herrn. Der erste Grund war, dass er, wenn er wegliefe, nicht so leicht entdeckt werden könnte, wenn er seinen eigenen Namen verwendete, als wenn er den seines Herrn verwendete. Der zweite Grund war, dass ihm zu erlauben, seinen eigenen Namen zu verwenden, eine Ehre wäre, die nur seinem Herrn zustand, und das wäre zu viel für einen Neger, der nichts weiter als ein Diener war, sagten sie. Es galt also als Verbrechen, wenn ein Sklave dabei erwischt wurde, seinen eigenen Namen zu verwenden, ein Verbrechen, das ihn einer harten Strafe aussetzte. Aber Gott sei Dank sind diese Tage vorbei und wir leben jetzt unter der Sonne der Freiheit.

MUTTER.

Der Name meiner Mutter war Chloe. Sie gehörte ebenfalls Col. MR Singleton. Sie war Feldarbeiterin und wurde nie verkauft, ihre Eltern jedoch schon.

Mr. Crough , dem, wie ich bereits sagte, die Plantage gehört hatte, auf der meine Mutter lebte, hatte die Plantage mit den Eltern meiner Mutter darauf vor ihrer Geburt an Col. Dick Singleton verkauft.

Die meisten aus der Familie, aus der meine Mutter stammte, übten irgendeine Art von Beruf aus; einige waren Zimmerleute, einige Schmiede, einige Hausangestellte und andere wurden zu Fahrern der anderen Neger ernannt . Natürlich unterstanden die Negerfahrer einem weißen Mann, der Aufseher genannt wurde. Manchmal waren die Negerfahrer viel schlimmer zu ihren Mitnegern als die Weißen.

Mutter hatte einen Onkel namens Esau, von dem der Herr mehr hielt als vom Aufseher. Onkel Esau war grausamer als jeder weiße Mann, den der Herr je auf seiner Plantage hatte. Viele der Sklaven flohen vor ihm in die Wälder. Ich habe einige der Neger erlebt , die vor der grausamen Behandlung durch Onkel Esau davonliefen und acht oder zehn Monate fernblieben. Sie hatten solche Angst vor ihm, dass sie sagten, sie würden lieber den Teufel sehen als ihn; sie waren froh, als er starb. Aber während so viel über Onkel Esau gesagt wurde, was auch auf viele andere Negertreiber zutraf , waren die Aufseher selbst nicht unschuldig an Grausamkeiten gegenüber den wehrlosen Sklaven.

Ich habe gesagt, dass die meisten in der Familie, aus der meine Mutter stammte, irgendeine Art von Beruf hatten; aber sie musste ihr Glück auf dem Feld mit denen versuchen, die den Sturm überstehen mussten. Aber meine Leser sollten nicht glauben, dass diejenigen, von denen ich sprach, dass sie Berufe hatten, frei von Strafen waren, denn das waren sie nicht; einige von ihnen hatten mehr Ärger als die Feldarbeiter. Manchmal ging der Aufseher, ein Weißer, in die Werkstatt des Schmieds oder Zimmermanns und fing einen Streit mit ihm an, um eine Gelegenheit zu bekommen, ihn zu bestrafen. Er sagte zu dem Neger: „Oh, du denkst, du bist so gut wie dein Meister, du —" Natürlich wusste er, was der Aufseher vorhatte, also hatte er Angst zu sprechen; der Aufseher, der keine Antwort hörte, drehte sich zu ihm um und rief: „Du bist so groß, dass du nicht mit mir sprechen kannst, du —", und dann begann der Konflikt, und er bestrafte den Mann so, dass er zwei oder drei Monate lang arbeitsunfähig war. Der gnadenlose Aufseher sagte zu ihm: „Du glaubst, nur weil du ein Handwerk beherrschst, bist du so gut wie dein Meister, du — aber ich werde dir zeigen, dass du nichts weiter als ein Nigger bist."

Ich sagte, mein Vater habe zwei Frauen und fünfzehn Kinder gehabt: vier Jungen und drei Mädchen mit der ersten und sechs Jungen und zwei

Mädchen mit der zweiten Frau. Natürlich heiratete er seine Frauen nicht wie heute, da dies unter Sklaven nicht erlaubt war, sondern er nahm sie im gegenseitigen Einvernehmen zu seinen Frauen. Meine Mutter bekam er nach dem Tod seiner ersten Frau. Ich bin der dritte Sohn seiner zweiten Frau.

Meine Leser würden natürlich gerne wissen, ob einige der Sklaven nicht mehr als eine Frau hatten. Ich antworte: ja, denn da sie kein Gesetz hatten, das sie an eine Frau band, konnten sie im gegenseitigen Einvernehmen so viele haben, wie sie wollten. Trotzdem hatten sie ein Gespür für das moralische Gesetz, denn viele von ihnen waren der Meinung, dass es richtig sei, nur eine Frau zu haben; sie hatten unterschiedliche Ansichten über die Mehrehe, wie die gebildetsten und kultiviertesten unter den Weißen.

traf ich einen meiner Landsleute , der neben uns wohnte, und ich fragte ihn: „Nun, Onkel William, wie geht es dir heute ?" Seine Antwort war: „Gott sei Dank, mein Sohn, ich habe jetzt zwei Frauen und muss versuchen, mit ihnen auszukommen, bis ich neue habe." Aber während es viele wie ihn gibt, würden andere die Idee, mehr als eine Frau zu haben, ablehnen. Aber Gott sei Dank ist der Tag gekommen, an dem sich niemand mehr auf Unwissenheit berufen muss, denn Herr und Diener sind beide an dasselbe Gesetz gebunden.

vorgesehenen Zeit auf den Sandhügel oder Sommersitz , sondern blieb mit Vater auf der Plantage, da er sich, wie ich sagte, um Pferde und Maultiere kümmerte. Ich war schon als ganz kleiner Junge mit ihm im Stallhof; natürlich weckte das schon früh meine Vorliebe für den Beruf des Stallknechts und bald teilte ich Col. Singleton mit, der ein Sportler und Besitzer schöner Pferde war, meine Vorliebe. Und obwohl ich zu klein zum Arbeiten war, gewährte der Colonel meine Bitte; daher durfte ich zu denen gezählt werden, die sich um die schönen Pferde kümmerten, und lernte reiten. Aber ich stellte bald fest, dass mein neuer Beruf etwas mehr verlangte, als mir lieb war.

Es dauerte nicht lange, nachdem ich meine neue Arbeit angetreten hatte, bevor sie mich auf den Rücken eines Pferdes setzten, das mich fast sofort zu Boden warf, als ich seinen Rücken erreichte. Es tat mir ein wenig weh, aber das war nicht das Schlimmste, denn als ich aufstand, stand ein Mann mit einer Rute in der Hand neben mir und begann sofort, mich zu schlagen. Obwohl ich ein sehr böser Junge war, war dies das erste Mal, dass ich von jemand anderem als Vater und Mutter geschlagen wurde, also schrie ich in einem Tonfall, als wollte ich sagen: Das ist die erste und letzte Tracht Prügel, die du mir verpassen wirst, wenn Vater dich erwischt.

Als ich von ihm weg war, rannte ich mit aller Kraft zu Vater, aber meine Hoffnung wurde bald zunichte gemacht, als Vater sehr kühl zu mir sagte: „Geh zurück an deine Arbeit und sei ein guter Junge, denn ich kann nichts für dich tun." Aber das befriedigte mich nicht, also ging ich mit meiner Beschwerde zu Mutter und sie kam zu dem Mann, der mich ausgepeitscht hatte; es war ein Pferdepfleger, ein weißer Mann, den der Meister angeheuert hatte, um die Pferde zu trainieren. Mutter und er begannen zu reden, dann nahm er eine Peitsche und ging auf sie zu, und sie rannte vor ihm weg und redete die ganze Zeit. Ich rannte zwischen Mutter und ihm hin und her, bis er aufhörte, sie zu schlagen. Nach dem Kampf zwischen dem Pferdepfleger und Mutter brachte er mich zurück in den Stallhof und verprügelte mich heftig. Und obwohl Mutter mir zunächst nicht helfen konnte, hatte ich doch Vertrauen, dass sie kommen und ihn aufhalten würde, wenn er mich zurück in den Stallhof gebracht und angefangen hatte, mich zu peitschen, aber ich suchte vergebens, denn sie kam nicht.

Da kam mir zum ersten Mal der Gedanke, dass ich, mein lieber Vater und meine liebe Mutter und der Rest meiner Negerkollegen , dazu verdammt waren, mein Leben lang grausam behandelt zu werden, und dass ich schutzlos war . Als ich aber merkte, dass mein Vater und meine Mutter mich nicht vor der Strafe retten konnten, da sie selbst dieselbe Behandlung erleiden mussten, beschloss ich, an das Mitgefühl des Bräutigams zu appellieren, der mich offenbar völlig unter Kontrolle hatte. Aber meine kläglichen Schreie berührten sein Mitgefühl nie, denn die Dinge schienen eher schlimmer als besser zu werden. Also beschloss ich, dem Sturm so gut wie möglich Einhalt zu gebieten.

Ich habe gesagt, dass Col. Singleton hervorragende Pferde hatte, die er für Rennen hielt, und er besaß zwei sehr bekannte Pferde namens Capt. Miner und Inspector. Vielleicht haben einige meiner Leser bereits von Capt. Miner gehört, denn er war weithin bekannt und hatte viele Rennen in Charlestown und Columbia, SC, sowie in Augusta, GA und New York gewonnen. Er war ein Dunkelbrauner mit kurzem Schweif. Inspector war ein Fuchs und hatte den Ruf, ein sehr großartiges Pferd zu sein. Diese beiden Pferde haben dem Colonel viele tausend Dollar eingebracht . Ich bin diese beiden Pferde sehr oft bei ihren Übungsgalopps geritten, hatte aber nie die Gelegenheit, sie bei einem Rennen zu reiten, bevor Col. Singleton starb, denn er lebte nicht lange, nachdem ich es gelernt hatte, sodass ich für Geld reiten konnte. Der Brauch sah vor, dass ein Junge, nachdem er das Reiten gelernt hatte, einen sogenannten Proberitt in Anwesenheit eines Richters absolvieren musste, der gemäß den damaligen Jockey-Gesetzen von South Carolina seine Eignung für die Zulassung als Rennreiter bestätigte oder ablehnte.

Ich habe bereits gesagt, dass mir das Geschäft sehr gefiel und ich mir das nötige Können schon sehr früh aneignete, wodurch ich meine Prüfung mit Bravour bestand und als fähiger Reiter anerkannt wurde. Doch bevor ich diesen Punkt erreichte, musste ich einige sehr harte Behandlungen über mich ergehen lassen.

Dieser weiße Mann, der für Col. Singleton Pferde trainierte, hieß Boney Young; er hatte einen Bruder namens Charles, der für den Bruder des Colonels, John Singleton, trainierte. Charles war ein guter Mann, aber Boney, unser Trainer, war ebenso gemein wie Charles gut; er konnte jemandem ins Gesicht lächeln, der durch seine Hand den qualvollsten Tod erlitt.

Eines Tages, etwa zwei Wochen nachdem Boney Young und seine Mutter sich gestritten hatten, rief er mich zu sich, als wäre er in bester Laune; er sang. Ich lief zu ihm, als wollte ich ihm durch meine Taten sagen, dass ich alles, was Sie mir sagen, gern tun werde. Als ich bei ihm ankam, sagte er: „Gehen Sie und bringen Sie mir eine Gerte, Sir." Ich antwortete: „Ja, Sir", und ging los und brachte ihm eine; dann sagte er: „Kommen Sie hier herein, Sir." Ich antwortete: „Ja, Sir." und ich ging in eine Pferdebox, aber während ich hineinging, gingen mir tausend Gedanken durch den Kopf, warum er wollte, dass ich in die Box ging, aber als ich hinein war, erfuhr ich es bald, denn er verpasste mir eine erstklassige Tracht Prügel.

Einen Tag oder zwei danach rief er mich auf die gleiche Weise, und ich ging wieder hin, und er schickte mich nach einer Gerte. Ich brachte ihm einen kurzen, abgenutzten Bartstoppel, den er nahm und mir damit auf den Kopf schlug. Dann sagte er zu mir: „Geh und bring mir eine Gerte, Sir." Ich antwortete: „Ja, Sir." Und ich ging ein zweites Mal los und brachte ihm eine, die kaum besser war als die erste; er zerschlug auch diese über meinem Kopf und sagte: „Geh und bring mir eine Gerte, Sir." Ich antwortete: „Ja, Sir", und ich ging ein drittes Mal los und brachte eine, von der ich annahm, dass sie ihm passen würde. Dann sagte er zu mir: „Kommen Sie hier herein, Sir." Ich antwortete: „Ja, Sir." Als ich in den Stall ging, sagte er mir, ich solle mich hinlegen, und ich bückte mich; er trat mich eine Weile herum, dann ließ er mich auf mein Gesicht liegen und peitschte mich zu seiner Zufriedenheit.

Als ich an diesem Abend nach Hause zu Vater und Mutter ging, sagte ich zu ihnen: „Mr. Young schlägt mich jetzt zu sehr, das werde ich nicht ertragen, ich werde gegen ihn kämpfen." Vater sagte zu mir: „Das darfst du nicht tun, denn wenn du es tust, wird er sagen, dass deine Mutter und ich dir dazu geraten haben, und das wird es deiner Mutter und mir sowie dir selbst schwer machen. Du musst tun, was ich dir gesagt habe, mein Sohn: Mach deine Arbeit so gut du kannst und sag nichts." Ich sagte zu Vater: „Aber ich weiß nicht, was ich getan habe, dass er mich schlagen sollte; er sagt mir nicht, was ich falsch gemacht habe, er ruft mich einfach zu sich und schlägt mich, wenn er bereit ist." Vater sagte: „Ich kann nichts weiter tun, als zum Herrn zu beten, dass er die Zeit beschleunigt, in der diese Dinge abgeschafft werden; das ist alles, was ich tun kann." Als meine Mutter mich ausgezogen hatte und meine Wunden betrachtete, brach sie in Tränen aus und sagte: „Wenn er nicht so klein wäre, würde es mir nicht so viel ausmachen. Das wird seinen

Körper zerstören. Ich werde dagegen vorgehen, denn ich weiß, er wird es Mr. Young nicht erlauben, dieses Kind so zu behandeln."

Und ich dachte mir, wenn Mutter deswegen zum Herrn gegangen wäre, hätte es mir geholfen, denn er und sie waren zusammen aufgewachsen und er hielt viel von ihr. Aber Vater sagte zu Mutter: „Geh lieber nicht zum Herrn, denn er könnte zwar verhindern, dass das Kind schlecht behandelt wird, aber Mr. Young könnte sich durch den Aufseher rächen, denn du weißt, dass sie sehr freundlich zueinander sind." Also sagte Vater zu Mutter: „Am Ende würdest du nichts gewinnen; das Beste, was wir tun können, ist, viel darüber zu beten, denn ich glaube, dass die Zeit kommen wird, in der dieser Junge mit den anderen Kindern frei sein wird, auch wenn wir das vielleicht nicht mehr erleben."

Wenn Vater von Freiheit sprach, waren seine Worte ein großer Trost für mich, und mein Herz schwoll vor Hoffnung auf eine Zukunft an, die mir jeden Augenblick wie eine Stunde erscheinen ließ.

Vater hatte eine Regel, die nach dem Sklavengesetz so strikt wie möglich eingehalten wurde: Er musste seine Kinder früh ins Bett bringen. An diesem Abend blieb die ganze Familie jedoch lange auf, während Vater und Mutter über die Sache sprachen. Es war unter den Sklaven Brauch, dass ihre Kinder unter einem bestimmten Alter nicht mit ihnen ins Gespräch kamen. Daher konnten wir uns nicht an Vater und Mutter beteiligen. Da ich ihr Mitgefühl genoss, wurde mir das Privileg zugestanden, die Fragen zu der Prügelstrafe zu beantworten, die mir der Bräutigam verpasst hatte.

Als für uns die Zeit gekommen war, ins Bett zu gehen, knieten wir alle wie üblich zum gemeinsamen Gebet nieder. Vaters Gebet erschien mir an diesem Abend realer als je zuvor, insbesondere die Worte: „Herr, beschleunige die Zeit, in der diese Kinder ihre eigenen, freien Männer und Frauen sein werden."

Mein Vertrauen in Vaters Gebet ließ mich glauben, dass der Herr seine Gebete frühestens in zwei oder drei Wochen erhören würde, aber es dauerte volle sechs Jahre, bis es so weit war, und Vater war bereits zwei Jahre vor dem Krieg gestorben.

Nach dem Gebet gingen wir alle zu Bett. Am nächsten Morgen ging Vater zu seiner Arbeit im Stall, Mutter zu ihrer auf dem Feld und ich zu meiner bei den Pferden. Bevor ich jedoch aufbrach, forderte mich Vater auf, seinen Rat genau zu befolgen, da ich seiner Meinung nach so am leichtesten vorankäme.

Aber trotz Vaters Rat hatte ich mich entschlossen, mich nicht mehr wie bisher von Mr. Young behandeln zu lassen, da es mir nichts nützte. Eine Zeit lang lief alles glatt, bis er mich zu sich rief und mir befahl, ihm eine Rute zu bringen. Ich sagte ihm, dass ich ihm keine Ruten mehr bringen würde, mit denen er mich schlagen könnte, sondern dass er sie selbst holen müsse. Nachdem er den Befehl sehr ungeduldig wiederholt hatte und ich mich weigerte, rief er einen anderen Jungen namens Hardy, der die Rute brachte, und dann nahm er mich mit in den Stall und peitschte mich gnadenlos aus.

Danach ließ er mich jeden Morgen eine halbe bis dreiviertel Stunde lang etwa zweihundertfünfzig Meter hin und her laufen, und ab und zu lief er mir nach und peitschte mich, damit ich schneller lief. Außerdem schlug er mich, wenn ich auf ein Pferd gesetzt wurde, und wenn es mich abwarf, und zwar fünfmal am Tag. Ich hatte also nichts davon, ihm keine Ruten zum Auspeitschen zu bringen.

An einem sehr kalten Morgen im März kam ich von zu Hause, ohne mir das Gesicht gewaschen zu haben, und Mr. Young ließ mich von zwei Sklavenjungen zu einem Teich bringen, wo die Pferde und Maultiere zu trinken pflegten. Sie warfen mich ins Wasser und rieben mir Sand ins Gesicht, bis es blutete. Dann musste ich den ganzen Weg bis zum Stall rennen, der etwa eine Viertelmeile entfernt war. Diese grausame Behandlung machte mich bald so abgehärtet, dass ich ihn überhaupt nicht mochte.

Kurze Zeit später wurde ich mit den anderen Jungen etwa vier oder fünf Meilen von zu Hause weg auf die öffentliche Straße geschickt, um das Reiten zu üben, und sie gaben mir ein sehr wildes Tier zum Reiten, das mich sehr oft abwarf. Mr. Young ging nicht mit uns, sondern schickte jeden Morgen einen farbigen Pferdepfleger, der jede ihm zugewiesene Aufgabe sehr gewissenhaft erfüllte ; er hatte die Anweisung, mich jedes Mal zu schlagen, wenn mich das Pferd abwarf, wenn ich nicht zu Hause war. Ich bekam viele kleine Schläge von dem farbigen Pferdepfleger, da das Pferd mich sehr oft abwarf, aber die Schläge, die ich von ihm bekam, waren sehr schwach im Vergleich zu denen des weißen Mannes; daher war ich lieber damit zufrieden, mit dem farbigen Pferdepfleger wegzugehen, als zu Hause zu bleiben, wo ich eine schlimmere Strafe erleiden würde.

Doch es kam die Zeit, in der sie aufhörten, mich zu peitschen, wenn ich von Pferden abgeworfen wurde. Eines Tages, als ich die Straße entlangritt, schoss das Pferd, auf dem ich saß, beim Anblick eines Vogels, der über den Weg flog, los und warf mich auf einen Haufen Reisig. Das Pferd trat mir auf die Wange, und der Kopf eines Nagels in seinem Hufeisen durchbohrte meine linke Wange und brach einen Zahn, aber es geschah so schnell, dass ich es kaum spürte. Es geschah, dass es nicht mit seinem ganzen Gewicht auf mich trat, denn sonst wäre mein Kiefer gebrochen gewesen. Als ich aufstand, stand der farbige Stallbursche neben mir, aber er konnte mich nicht peitschen, als er das Blut aus meinem Mund fließen sah, also brachte er mich hinunter zum Bach, der nicht weit von der Stelle entfernt war, und wusch mich, und als er mich dann nach Hause brachte, schickte er nach einem Arzt, der die Wunde verband.

Als Mr. Young meinen Zustand sah, fragte er, wie das gemacht worden sei, und als man es ihm sagte, meinte er, es hätte mich umbringen müssen. Nachdem der Arzt mein Gesicht verbunden hatte, ging ich natürlich nach Hause, in der Annahme, sie würden mich bleiben lassen, bis ich wieder gesund wäre. Doch kaum war ich angekommen, ließ der Stallbursche nach mir schicken. Ich antwortete nicht, da mein Kiefer sehr schmerzte. Als er feststellte, dass ich nicht gekommen war, kam er mir persönlich nach und sagte, wenn ich nicht sofort in den Stall käme, würde er mich auspeitschen, also ging ich mit ihm. Er peitschte mich nicht, während ich in diesem Zustand war, aber er ließ mich nicht liegen, sodass ich sehr unter der Kälte litt.

Als meine Mutter am Abend vom Bauernhof kam und meinen Zustand sah, war sie von Trauer überwältigt. Sie sagte zu meinem Vater: „Diese Wunde ist tödlich für das Kind, und dieser unbarmherzige Mann lässt ihn nicht zur Ruhe kommen, bis er wieder gesund ist. Das ist zu hart.“ Mein Vater sagte zu ihr: „Ich weiß, es ist sehr hart, aber was können wir tun? Wenn wir versuchen, den Jungen im Haus zu behalten, wird uns das Probleme bereiten.“ Meine Mutter sagte: „Ich wünschte, sie würden ihn aus der Welt holen, dann hätte er keine Schmerzen mehr und wir müssten uns keine Sorgen um ihn machen, denn er wäre im Himmel.“ Dann packte sie mich und sagte: „Tut es dir weh, Sohn?“ Sie meinte mein Gesicht, und ich sagte: „Ja, Mama“, und sie vergoss Tränen. Aber sie hatte keine kleinen Spielsachen, die sie mir zum Trost geben konnte. Sie konnte mir nur das versprechen, was sie hatte, nämlich Eier und Hühner.

Mein Vater zeigte seine Trauer um mich nicht so wie meine Mutter, aber er versuchte, meine Mutter so gut es ging zu trösten, und sagte manchmal zu mir: „Mach dir keine Sorgen, mein Sohn, du wirst bald ein Mann sein“, aber er wusste nicht, was mir damals durch den Kopf ging. Obwohl ich noch sehr klein war, dachte ich, wenn ich als Junge schon so hart behandelt wurde, würde es als Mann noch viel schlimmer sein, und da ich die Gelegenheit hatte, zu sehen, wie Männer bestraft wurden, war das für mich ein sehr schwacher Trost.

Schließlich war es Zeit für uns, ins Bett zu gehen, und wir knieten alle zum gemeinsamen Gebet nieder. Vater dankte Gott, dass er mich vor einer schlimmeren Verletzung bewahrt hatte, und dann betete er für Mutters Trost und auch für die Zeit, die er vorhergesagt hatte, nämlich die Zeit der Freiheit, in der ich und die anderen Kinder unsere eigenen Herren und Herrinnen sein würden; dann empfahl er uns Gott, und wir gingen alle zu Bett. Am nächsten Morgen ging ich mit großen Schmerzen zur Arbeit. Sie schickten mich nicht in diesem Zustand mit den Pferden die Straße hinauf, sondern ich musste die alten Pferde zur Tränke reiten und im Stall arbeiten, bis es mir wieder gut genug ging, um mit den anderen Jungen zu gehen. Aber ich bin froh, sagen zu können, dass ich seit dem Zeitpunkt, als ich von diesem Pferd verletzt wurde, nie mehr abgeworfen wurde, außer aus Unachtsamkeit, und ich hatte danach auch keine Angst mehr vor Pferden.

Obwohl sich mein Vater und meine Mutter große Sorgen um mich machten, waren sie stolz auf meine Erfolge als Reiter, doch meine Strapazen endeten hier nicht.

Kurze Zeit später wurde ich nach Columbia und Charleston, South Carolina, gebracht, wo die Pferderennen stattfanden. In diesem Jahr gewann Col. Singleton mit dem bekannten Pferd Capt. Miner eine große Summe Geld, und das war dieselbe Saison, in der ich mein Proberennen ritt. Im nächsten Jahr, vor der Rennsaison, starb Col. Singleton auf seinem Sommersitz. Nach dem Tod des Herrn verkaufte die Herrin alle Rennpferde, und das bedeutete das Ende der Sportpferde in dieser Familie.

Ich sagte, dass Boney Young, der Stallbursche von Col. Singleton , einen Bruder namens Charles hatte, der Pferde für den Bruder des Colonels, John Singleton, trainierte. Boney war ein besserer Trainer, aber Charles war ein besserer Mann für die Neger . Es war für einen Sklaven gesetzlich verboten, ohne Ticket alkoholische Getränke zu kaufen, aber Charles gab den Jungen Tickets, mit denen sie Rum und Whiskey kaufen konnten. Er erlaubte ihnen auch, die Kühe und Schweine des Nachbarn zu stehlen.

Ich erinnere mich, dass seine Jungs einmal eine Kuh töteten, die einem Mann namens Le Brun gehörte . Kurz nachdem das Fleisch in den Stall gebracht worden war, kam Le Brun mit einer geladenen Schrotflinte angeritten und drohte, die Gruppe zu erschießen, bei der das Rindfleisch gefunden wurde. Natürlich wurden die Wohnungen der Neger durchsucht. Da dies jedoch erwartet worden war, hatte Mr. Young sie das Fleisch in seine Wohnung bringen lassen, und da es in South Carolina gegen das Gesetz war, dass ein Weißer das Haus oder eine Wohnung eines anderen ohne sehr starke Beweise durchsuchte, wurde das Fleisch nicht gefunden. Bevor er die Neger durchsuchte , sagte Mr. Young zu Le Brun : „Sie können suchen, aber Sie werden Ihr Rindfleisch hier nicht finden, denn meine Jungs stehlen nicht." Le Brun antwortete: „Mr. Young, Ihr Wort mag stimmen, Sir, aber ich würde einem Nigger viel eher Geld anvertrauen als Kühe und Schweine." Mr. Young antwortete: „Das mag stimmen, aber Sie werden Ihr Rindfleisch hier nicht finden."

Nachdem ihre Zimmer und Kleider durchsucht worden waren, wurde Blut unter einigen ihrer Fingernägel gefunden, was Le Bruns Verdacht verstärkte, dass sie zu der Gruppe gehörten, die seine Kuh gestohlen hatte; aber Mr.

Young antwortete: „ Das Blut stammt von Kaninchen, die meine Jungs heute gefangen haben." Mr. Le Brun versuchte, einem der Jungen Angst einzujagen, damit er sagte, es sei das Blut seiner Kuh. Mr. Young sagte: „Mr. Le Brun , Sie haben gesucht und Ihr Rindfleisch nicht gefunden, wie ich Ihnen gesagt habe; außerdem habe ich Ihnen gesagt, dass Sie es nicht finden werden; außerdem habe ich Ihnen gesagt, dass das Blut unter ihren Fingernägeln von Kaninchen stammt, die heute gefangen wurden. Sie müssen mir glauben, Sir, ohne sich weitere Mühe zu machen; außerdem gehören diese Jungen Mr. Singleton, und wenn Sie weitere Schritte unternehmen wollen, müssen Sie ihn aufsuchen." Als Mr. Le Brun feststellte, dass er nicht tun durfte, was er wollte, schwor er große Eide und Drohungen, als er auf sein Pferd stieg, um zu gehen, dass er den allerersten dieser Jungen erschießen würde, den er in der Nähe seines Viehs erwischen würde. Er und Mr. Young wurden sich danach nie wieder einig.

Aber der arme Mr. Young, so gut er auch zu den Negern war , war sich selbst ein Feind, denn er war ein starker Trinker. Leute, die ihn vor mir kannten, sagten, sie hätten ihn nie Tee, Kaffee oder Wasser trinken sehen, sondern eher Rum und Whiskey; er trank so viel, dass er einen Wahnsinnsanfall bekam; schließlich setzte er seinem Leben ein Ende, indem er sich mit einem Rasiermesser die Kehle durchschnitt, an einem Ort namens O'Handly's Race Course, etwa drei Meilen von Columbia, SC entfernt. Dies geschah nur wenige Tage vor einem der großen Rennen.

Boney Young war auch ein schlechter Kerl, aber nicht so schlimm wie Charles. Er lebte bis kurz nach dem letzten Krieg und fiel eines Tages, als er durch eine der Straßen der oben genannten Stadt ging, tot um, vermutlich an einer Herzkrankheit.

Boney hatte eine Mulattin namens Moriah, die ursprünglich von Negerhändlern aus Virginia geholt worden war , aber später an mehrere verschiedene Herren verkauft wurde. Das Problem war, dass sie sehr schön war, und wo immer sie verkauft wurde, wurden ihre Herrinnen eifersüchtig auf sie, so dass sie sehr oft den Besitzer wechselte. Schließlich wurde sie an Boney Young verkauft, der keine Frau hatte, und sie lebte bei ihm, bis sie durch die Emanzipationsproklamation freigelassen wurde. Sie hatte zwei Töchter; die ältere hieß Annie, aber wir nannten sie Sissie ; die jüngere hieß Josephine. Annie sah genauso aus wie ihr Vater, Boney Young, während Josephine Charles genug ähnelte, um seine Tochter gewesen zu sein. Es war leicht zu erkennen, dass die Mutter der Negerrasse entstammte , aber die Mädchen konnten als Weiße durchgehen. Ihre Mutter, Moriah, starb einige Zeit nach dem Krieg in Columbia. Annie ging fort und heiratete einen weißen Mann, aber ich weiß nicht, was aus Josephine wurde.

Kurz vor dem Tod seines Herrn stand er als Bürge für einen Mann aus dem Norden, der Kassierer einer der größten Banken in Charleston war. Dieser Mann flüchtete mit einer großen Summe Geld und ließ den Oberst in Verlegenheit zurück, was ihn sehr ärgerlich und mürrisch machte. Er war vorher nicht besonders gut zu seinen Sklaven gewesen, und das machte ihn noch schlimmer, denn man wusste, dass die Sklavenhalter sich an den Sklaven rächen würden, wenn sie wütend wurden. Ich hatte meinen Herrn oft seine Sklaven auspeitschen sehen, aber nie so heftig wie in jenem Frühjahr vor seinem Tod.

Eines Tages, bevor er zu seinem Sommersitz ging, rief er einen Mann zu sich, zog ihn aus und peitschte ihn, so dass das Blut aus seinem Körper floss wie Wasser, das man in Bechern über ihn schüttete , und als der Mann von der Stelle trat, wo er gefesselt war, floss das Blut aus seinen Schuhen. Er sagte zu dem Mann: „Sie werden sich jetzt an mich erinnern, Herr, solange Sie leben.“ Der Mann antwortete: „Ja, Herr, das werde ich.“

Der Herr ging in diesem Frühjahr zum letzten Mal fort; er kam nie lebend zurück; er starb auf seinem Sommersitz. Als sie seine sterblichen Überreste nach Hause brachten, durften alle Sklaven an diesem Tag zu Hause bleiben, um ihn zum letzten Mal zu sehen und mit der Herrin zu trauern. Nachdem alle Sklaven, die es wollten, sein Gesicht gesehen hatten, versammelten sie sich in Gruppen um die Herrin, um sie zu trösten; sie vergossen falsche Tränen und sagten: „Macht nichts, Missis, Massa ist in den Himmel heimgekehrt.“ Während einige dies sagten, sagten andere: „Gott sei Dank, Massa ist in die Hölle heimgekehrt.“ Natürlich waren die meisten von ihnen froh, dass er tot war; aber sie waren dort versammelt, um die Herrin ausdrücklich zu trösten. Aber nach dem Tod des Herrn ging es der Herrin viel schlechter als ihm zuvor.

Als der Herr starb, änderte sich auf der Plantage vieles. Die Gläubiger kamen und forderten ihre Schulden, und so wurden alle edlen Pferde und einige andere, wie Kutschpferde und auch ein paar Maultiere, verkauft. Die Sklaven, die der Herr selbst gekauft hatte, mussten verkauft werden, aber die Sklaven, die auf der Plantage geboren und ihm von seinem Vater, dem alten Col. Dick Singleton, geschenkt worden waren, konnten erst verkauft werden, wenn die Enkel volljährig waren.

Wie gesagt, mit den Rennpferden waren meine Strapazen und Prüfungen nicht zu Ende; Sie werden sie jetzt in anderer Form erleben.

Nachdem alle schönen Pferde verkauft waren, befahl die Herrin, die Männer und Jungen, die sich um die Pferde kümmerten, auf die Weide zu bringen, und ich war unter ihnen, obwohl ich klein war; aber ich hatte mich so an die Pferde gewöhnt, dass sie keine Arbeit mehr aus mir herausbekamen, also fingen sie an, mich zu peitschen, aber jedes Mal, wenn sie mich peitschten, verließ ich die Weide und rannte nach Hause zum Stall.

Schließlich stellte die Herrin anstelle des alten Ben Usome einen sehr bösen Mann als Aufseher ein , dessen Name William Turner war. Zwei oder drei Tage nach seiner Ankunft nahm er mich mit aufs Feld und peitschte mich, bis ich krank war, also ging ich nach Hause.

Ich ging zur Herrin und erzählte ihr, dass der Aufseher mich ausgepeitscht hatte. Sie fragte, ob ich die Arbeit gemacht hätte, die er mir aufgetragen hatte. Ich erzählte ihr, dass der Herr mir versprochen hatte, dass er mich, wenn ich zu schwer zum Reiten von Rennpferden wäre, zum Zimmermann schicken würde. Sie fragte mich, ob ich arbeiten würde, falls sie mich zu einem Beruf zwang, und ich sagte ihr, dass ich das tun würde. Also willigte sie ein.

Doch dem Aufseher gefiel die Idee nicht, mich in dem Beruf arbeiten zu lassen, den ich mir ausgesucht hatte. Er sagte zu der Herrin: „Das ist das Schlimmste, was Sie tun können, Madam, einem Neger die Wahl zu lassen, was er tun soll. Ich habe seit vielen Jahren Erfahrung als Aufseher und ich glaube, ich kann eine korrekte Aussage über die Natur der Neger im Allgemeinen machen. Ich kenne einen Herrn, der seinen Negern erlaubte, auf seiner Plantage ihren eigenen Willen zu haben, und das Ergebnis war, dass sie so hoch kamen wie ihr Herr. Außerdem, Madam, breitet sich ihr Einfluss schnell unter den Nachbarn aus, und wenn dies erlaubt wäre, hätte South Carolina nur Herren und Mätressen und keine Diener; und wie ich bereits sagte, kenne ich mich einigermaßen mit der Natur der Neger aus; ich stelle fest, Madam, dass dieser Junge Ihnen eine Menge Ärger bereiten wird, wenn Sie nicht jetzt anfangen, ihn zu unterwerfen, während er noch jung ist. Ein paar Jahre Verzögerung werden ihm ermöglichen, einen großen Einfluss unter seinen Mitnegern zu haben, denn dieser Junge kann jetzt sehr gut lesen, und Sie wissen, Madam, es ist gegen das Gesetz, dass ein Neger einen Bildung, und wenn Sie ihm erlauben, als Tischler zu arbeiten, wird ihm das die Möglichkeit geben, eine bessere Bildung zu erwerben, weil er nicht direkt unter dem Auge von jemandem steht, der darauf achtet, dass er keine weiteren Fortschritte macht."

die Herrin: „Können Sie lesen, Jacob?" Ich wollte nicht, dass sie merkte, dass ich ihnen zugehört hatte, also antwortete ich: „Ich weiß es nicht, gnädige Frau." Der Aufseher sagte: „Er weiß nicht, was gemeint ist, gnädige Frau, aber ich kann ihm verständlich machen." Dann holte er eine Zeitung aus seiner Tasche und sagte zu mir: „Können Sie diese Worte sagen?" Ich nahm die Zeitung und begann zu lesen, dann nahm er sie mir wieder ab.

Die Herrin fragte, wann ich lesen gelernt hätte und wer es mir beigebracht hätte. Der Aufseher wusste es nicht, sagte aber, er würde es von mir erfahren. Er wandte sich mir zu, nahm das Papier wieder aus der Tasche und sagte:

„Jacob, wer hat Ihnen gesagt, Sie sollen die Wörter im Buch aufsagen?" Ich antwortete: „Niemand, Sir; ich habe sie selbst aufgesagt." Er wiederholte die Frage drei oder vier Mal und ich gab jedes Mal dieselbe Antwort. Dann sagte die Herrin: „Ich denke, es wäre besser, ihn zum Handel einzusetzen, als ihn aufs Feld zu schicken, denn dann ist er von seinen Mitnegern getrennt und kann sie weniger beeinflussen, wenn wir es schaffen, ihn fernzuhalten." Der Aufseher sagte: „Das mag stimmen, Madam, aber wenn wir es schaffen, ihn von weiterer Bildung abzuhalten, wird er schließlich das wenige verlieren, das er hat; und jetzt, Madam, wenn Sie mir erlauben, ihn in die Hand zu nehmen, werde ich ihn in Ordnung bringen, ohne ihn zu verletzen." Genau in diesem Moment fuhr eine Kutsche vor das Tor, und ich lief wie üblich los, um es zu öffnen, der Aufseher ging seiner Arbeit nach, und die Herrin ging zu den Personen in der Kutsche, um mit ihnen zu sprechen. Ich hatte keine Gelegenheit, ihre Schlussfolgerung zu erfahren.

Ein paar Tage nach dem Gespräch zwischen dem Aufseher und der Herrin wurde mir von einem der Sklaven, der Zimmermann war, mitgeteilt, dass sie angeordnet hatte, dass ich mit ihm in diesem Beruf arbeiten sollte. Das bereitete mir große Freude, da ich sehr gespannt war, was sie mit mir vorhatten. Ich ging mit großer Freude in meinen neuen Beruf und begann mir bald vorzustellen, was für ein berühmter Zimmermann ich abgeben würde und was ich sagen und tun würde, wenn ich den Beruf erlernt hätte. Etwa zwei Monate lang schien alles glatt zu laufen, als mir eines Morgens plötzlich gesagt wurde, ich müsse aufs Feld gehen, um Baumwollsamen auszustreuen, aber ich beachtete den Ruf nicht, da die Herrin nicht zu Hause war und ich wusste, dass sie mich gerade in diesen Beruf eingeteilt hatte, und dass der Aufseher auch versuchte, die Zustimmung der Herrin zu bekommen, mich auf dem Feld arbeiten zu lassen.

Am nächsten Morgen kam der Aufseher in die Tischlerwerkstatt und sagte: „Habe ich euch nicht aufs Feld geschickt, Herr?" Ich antwortete: „Ja, Herr." „Nun, warum seid ihr nicht gegangen?" Ich antwortete: „Herrin hat mich hierher geschickt, um das Handwerk zu lernen." Er sagte: „Ich werde euch das Handwerk beibringen." Also zog er mich aus und verprügelte mich heftig und sagte mir, dass das die Art von Handwerk sei, die ich brauche, und dass er mir viele davon beibringen würde. Am nächsten Tag ging ich aufs Feld und er ließ mich Baumwollsamen fallen, da ich zu klein war, um etwas anderes zu tun. Ich hätte weiteren Widerstand geleistet, aber Herrin war sehr weit weg von zu Hause und ich hatte bereits gelernt, dass Vater und Mutter mir nicht helfen konnten, also dachte ich, dass es für mich am einfachsten sei, mich ihm zu unterwerfen.

Als ich nach etwa drei Wochen mit dem Baumwollsamen fertig war, ging ich zurück in die Tischlerwerkstatt, um zu arbeiten. Er kam dorthin und verpasste mir eine weitere strenge Tracht Prügel und sagte zu mir: „Du willst das Tischlerhandwerk lernen, aber ich will, dass du das Feldhandwerk übst." Aber das war die letzte Tracht Prügel, die er mir verpasste, und die letzte seiner Peitsche.

Ein paar Tage nach meiner letzten Auspeitschung wurden die Sklaven in den Sumpf jenseits des Flusses beordert, um neues Land zu roden, während das bereits gerodete Land vom Regen, der in dieser Nacht gefallen war, zu nass war. Natürlich war ich unter ihnen, um meinen Teil zu tun; das heißt, während die Männer trockene Bäume, die bereits im Winter gefällt worden waren, zerteilten und die Stämme zusammenrollten, stapelten die Frauen, Jungen und Mädchen die Zweige auf den Stämmen und verbrannten sie.

Wir mussten den Fluss in einem Flachboot überqueren, das zu klein war, um alle Sklaven auf einmal zu befördern, also waren mehrere Fahrten nötig.

Mr. Turner, der Aufseher, fuhr im ersten Boot hinüber; er ritt nicht zur Arbeitsstelle, sondern ging zu Fuß, während sein Pferd, das darauf trainiert war, allein zu stehen, ohne angebunden zu werden, am Anlegeplatz zurückgelassen wurde. Mein Cousin und ich setzten im letzten Boot über. Als wir hinüber waren, blieben wir hinter der Menge am Anlegeplatz zurück; als alle weg waren, gingen wir zum Pferd und sahen die Peitsche, mit der ich ein paar Tage zuvor ausgepeitscht worden war, am Sattel befestigt. Ich sagte zu ihm: „Hier ist die Peitsche, mit der mich der alte Turner neulich ausgepeitscht hat." Er sagte: „Sie sollte an einen Ort gebracht werden, an dem er nie wieder jemanden damit auspeitschen kann." Ich antwortete meinem Cousin: „Wenn du das Geheimnis für dich behältst, werde ich sie an einen Ort bringen, an dem der alte Bill, wie wir Mr. Turner nannten, sie nie mehr benutzen wird ." Er willigte ein, das Geheimnis für sich zu behalten, und fragte mich dann, wie ich die Peitsche weglegen würde. Ich sagte ihm, wenn er mir eine Schnur und ein Stück Eisen besorgen würde, würde ich ihm zeigen, wie. Er rannte hinunter zur Sumpfscheune, die ein kurzes Stück vom Flussufer entfernt war, und kam bald mit dem für die Arbeit genau geeigneten Seil und Eisen zurück. Ich band das Eisen an die Peitsche, ging in das flache Boot und warf es so weit ich konnte in den Fluss. Mein Cousin und ich beobachteten es, bis es unter Wasser außer Sicht verschwand; dann rannten wir, wie es schuldige Jungen nach üblen Taten gewöhnlich tun, so schnell wir konnten zwischen den anderen Negern davon und verhielten uns so harmlos wie möglich. Mr. Turner stellte mehrere Fragen, erfuhr aber nie, was aus seiner Peitsche geworden war.

Kurz danach, während des Krieges im Jahr 1863, als ein Mann die verschiedenen Plantagen absuchte und Sklaven von ihren Herren abholte, um sie zur Arbeit an Befestigungsanlagen und als Diener für Offiziere wegzubringen, wurden zehn Sklaven von Mrs. Singletons Plantage geschickt, und ich war unter ihnen. Sie brachten uns nach Sullivan's Island in

Charleston, South Carolina, und ich war das ganze Jahr dort. Ich dankte Gott, dass ich dadurch bessere Chancen auf eine Ausbildung hatte als zu Hause, und so war ich froh, auf der Insel zu sein. Obwohl ich niemanden hatte, der mich unterrichtete, da ich unter meine Landsleute geworfen wurde, die genauso lese- und schreibschwach waren wie ich, war ich doch sehr erleichtert, nicht mehr unter dem Auge des Aufsehers zu stehen, dessen Absicht es war, mich von weiteren Fortschritten abzuhalten. Im Jahr nach meiner Heimkehr wurde ich zurück nach Fort Sumpter geschickt – im Jahr 1864. Ich hatte mein Buch zum Buchstabieren dabei und versuchte, weiter zu lernen, obwohl die Nordstaatler auf uns schossen.

Im Juli desselben Jahres wurde ich an einem Mittwochabend von Unionssoldaten verwundet. Ich wurde in die Stadt Charleston gebracht, in Dr. Reggs Krankenhaus , und dort blieb ich, bis ich wieder reisefähig war. Dann wurde ich nach Columbia geschickt, wo ich war, als mir 1865 die Stunde der Freiheit verkündet wurde. Dies war das Jubeljahr, das Jahr, von dem mein Vater in den dunklen Tagen der Sklaverei gesprochen hatte, als er und Mutter bis spät in die Nacht darüber sprachen. Er sagte zu Mutter: „Die Zeit wird kommen, in der dieser Junge und die anderen Kinder ihre eigenen Herren und Herrinnen sein werden." Er starb sechs Jahre vor diesem Tag, aber Mutter genießt immer noch die Freiheit mit ihren Kindern.

Und meine Leser würden bestimmt gern wissen, wie ich im Krieg verwundet wurde. Wir mussten unsere Arbeit nachts verrichten, da sie tagsüber auf uns schossen, und als wir an einem Mittwochabend gerade hinausgingen, hörten wir den Schrei des Wachmanns: „Pass auf!" Nahe der südwestlichen Ecke des Forts stand ein kleines Lindenhaus, und etwa zwölf oder dreizehn von uns rannten hinein, und bis auf zwei wurden alle getötet; eine Granate schlug auf das Lindenhaus ein und explodierte, und ein Stück davon schnitt mir das Gesicht auf. Aber da meine Zeit noch nicht gekommen war zu sterben, lebte ich noch und genoss die Freiheit.

Ich sagte, dass ich, als ich wieder reisefähig war, im letzten Teil des Jahres 1864 von Dr. Raggs Krankenhaus in Charleston zu Col. Singletons Plantage in der Nähe von Columbia geschickt wurde. Den Rest des Jahres habe ich nicht gearbeitet, weil ich mich aufgrund der Verletzung, die ich mir im Fort zugezogen hatte, unwohl fühlte.

Etwa zu dieser Zeit kam General Sherman mit seinen hunderttausend Mann durch Georgia und lagerte in Columbia, South Carolina. Die Sklavenhalter waren sehr unsicher, wie sie andere Wertgegenstände retten sollten, da sie erkannten, dass die Sklaverei eine hoffnungslose Angelegenheit war. Die Herrin ließ einige ihrer Pferde, Maultiere, Kühe und Schweine in den Sumpf bringen, während die anderen, die auf der Plantage zurückblieben, zur sicheren Aufbewahrung an die Neger verteilt wurden, da sie gehört hatte, dass die Yankees nichts nahmen, was den Sklaven gehörte. Ein kleines Schwein von etwa 50 oder 60 Pfund wurde mir zur sicheren Aufbewahrung übergeben. Einige der alten Pferde und Maultiere wurden von den Unionssoldaten von der Plantage mitgenommen, aber sonst machten sie keinen Ärger.

Nachdem Columbia niedergebrannt war und sich die Lage im Jahr 1865 etwas beruhigt hatte, wurden die Neger aufgefordert, die ihnen zur sicheren Aufbewahrung übergebenen Kühe und Schweine abzugeben; alle anderen gaben ihre her, aber meine wurden nicht gefunden. Zweifellos wollen meine Leser wissen, was daraus geworden ist. Nun, ich werde es Ihnen erzählen. Sie alle wissen, dass Weihnachten sowohl für Herren als auch für Sklaven im Süden ein großer Tag war, aber das Weihnachtsfest 1864 war das größte, das die Sklaven je erlebt hatten, denn obwohl die Proklamation uns erst 1865 erreichte, fühlten wir, dass die Ketten, die uns so lange gefesselt hatten, beinahe zerbrochen waren.

Also schlachtete ich das Schwein an jenem Weihnachtsfest, versammelte alle meine Gefährten und veranstaltete ein großes Fest, nach dem wir die ganze Woche tanzten. Mutter ließ mich mein Fest nicht in ihrer Hütte abhalten, weil sie befürchtete, die Weißen würden sie anklagen, weil sie mir geraten hatte, das Schwein zu töten, also veranstaltete ich es in einer der Hütten der anderen Sklaven.

Als der Aufseher mich nach dem Schwein fragte, das ich bekommen hatte, sagte ich ihm, dass ich es für mein Weihnachtsfest geschlachtet hatte. Die Herrin sagte zu mir: „Jacob, warum hast du mich nicht nach dem Schwein gefragt, wenn du es wolltest, anstatt es ohne Erlaubnis zu nehmen?" Ich antwortete: „Ich hätte gefragt, aber da ich es in der Hand hatte, dachte ich, es hätte keinen Sinn, danach zu fragen." Der Aufseher wollte mich dafür auspeitschen, aber da Uncle Sam durch die Stimme der Proklamation von 1863 bereits den rechten Arm der Sklaverei gebrochen hatte, war er machtlos.

Als das Joch von meinem Hals genommen war, ging ich eine Zeit lang in Columbia, SC, zur Schule und dann nach Charleston. Danach kam ich im Februar 1869 nach Worcester, Mass. Ich studierte ziemlich lange in den Abendschulen in Worcester und auch eine Zeit lang in der Akademie desselben Ortes. Während dieser Zeit wurde ich als örtlicher Prediger der African Methodist Episcopal Church zugelassen und einige Zeit später zum Diakon in Newport, RI, geweiht.

Kurze Zeit nach meiner Priesterweihe wurde ich nach Salem, Massachusetts, geschickt, wo ich blieb und unter meinen Leuten religiöse Arbeit leistete. Auf meine schwache Art versuchte ich, jenes Evangelium zu predigen, das unser gesegneter Erlöser zur Erlösung der gesamten Menschheit vorgesehen hatte, als er verkündete: „Geht hinaus in die ganze Welt und verkündet das Evangelium." In der Zwischenzeit habe ich mich unermüdlich um die Verbesserung meiner Ausbildung bemüht und mich auf ein Arbeitsfeld unter meinen unglücklicheren Brüdern im Süden vorbereitet.

Ich muss sagen, dass ich seit meiner Zeit in Salem von vielen guten Freunden umgeben bin, darunter auch Geistliche, deren Hilfe es mir ermöglicht hat, eine kurze Zeit an der Wesleyanischen Schule in Wilbraham, Massachusetts, zu dienen und ein Theologiestudium am Talladega College in Alabama zu beginnen, das ich mit dem Verkauf dieser Veröffentlichung abzuschließen versuche.

KAPITEL II.
SKIZZEN.

DER VERKAUF MEINER BEIDEN SCHWESTERN.

Ich habe angegeben, dass mein Vater fünfzehn Kinder hatte – vier Jungen und drei Mädchen mit seiner ersten Frau und sechs Jungen und zwei Mädchen mit seiner zweiten. Ihre Namen sind: Toney, Azerine , Duke und Dezine , die der Mädchen Violet, Priscilla und Lydia; die der zweiten Frau sind: Footy, Embrus , Caleb, Mitchell, Cuffee und Jacob (der Autor), und die der Mädchen Catherine und Retta .

Wie ich bereits sagte, hatte der alte Oberst Dick Singleton zwei Söhne und zwei Töchter, und jeder hatte eine Plantage. Ihre Namen waren John, Matt, Marianna und Angelico. Sie waren sehr verträglich miteinander, so dass, wenn einer von ihnen Hilfe von einem Neger von der Plantage eines anderen wollte, er oder sie sie haben konnte, besonders zur Baumwollerntezeit.

John Singleton hatte ein Anwesen etwa zwanzig Meilen von dem seines Herrn entfernt, und sein Herr schickte ihm Sklaven zum Baumwollpflücken. Einmal schickte mein Herr, Col. MR Singleton, meine beiden Schwestern, Violet und Priscilla, zu seinem Bruder John, und während sie dort waren, heirateten sie zwei der Männer auf seinem Anwesen. Im gegenseitigen Einvernehmen erlaubte ihnen der Herr, auf dem Anwesen seines Bruders zu bleiben. Aber einige Zeit später wurden Teile von John Singletons Besitz durch Wasser zerstört, wie es im Süden zur Zeit der Hochwasser im Mai, die im Norden als Flut bekannt sind, häufig der Fall ist.

Eine dieser Fluten riss John Singletons Sklavenunterkünfte, seine Scheunen, mit Pferden, Maultieren und Kühen mit sich. Diese verursachten seinen Tod an gebrochenem Herzen, und da er viel Geld schuldete, mussten seine Sklaven verkauft werden. Ein gewisser Mr. Manning kaufte einen Teil davon und Charles Login den Rest. Diese beiden Männer waren als die größten Sklavenhändler des Südens bekannt. Meine Schwestern waren unter denen, die Mr. Manning kaufte.

Er sollte sie zum Verkauf in den Staat Louisiana bringen, aber einige Männer wollten nicht mit ihm gehen, und er steckte sie ins Gefängnis, bis er aufbrechen konnte. Die Ehemänner meiner Schwestern waren unter den Gefangenen im Gefängnis von Sumterville , das etwa 40 bis 50 Kilometer vom Haus des Meisters auf der anderen Seite des Flusses entfernt lag. Diejenigen, die keine Abneigung zeigten zu gehen, durften ihre Verwandten und Freunde ein letztes Mal besuchen. So kamen meine Schwestern mit dem Rest ihrer unglücklichen Gefährten zum Haus des Meisters, um uns zu besuchen. Als der Tag ihrer Abreise kam, weigerten sich einige, die zunächst gewillt zu gehen schienen, und wurden auf ihrem Weg zu den Waggons mit Handschellen aneinander gefesselt und von weißen Männern bewacht. Die Frauen und Kinder wurden in Scharen zum Depot getrieben, wie so viel Vieh, und ihr Anblick erregte große Aufregung unter den Negern des Meisters . Stellen Sie sich eine Masse ungebildeter Menschen vor, die Tränen vergießen und vor Angst aus vollem Hals schreien.

Die Opfer sollten die Waggons an einer Station namens Clarkson Turnout nehmen, die etwa vier Meilen vom Anwesen des Herrn entfernt war. Die Aufregung war so groß, dass der Aufseher und der Fahrer die Verwandten und Freunde der Abreisenden nicht unter Kontrolle hatten, da eine große Menge von Alt und Jung zum Depot strömte, um sie zu verabschieden. Louisiana galt bei den Sklaven als Ort der Schlachtung, daher erwarteten die Abreisenden nicht, ihre Freunde wiederzusehen. Auf dem Weg dorthin verließen viele der Neger die Felder ihrer Herren und schlossen sich uns an, als wir zu den Waggons marschierten; einige schrien und rangen die Hände, während andere kleine Hymnen sangen, die sie zum Trost der Abreisenden gewohnt waren, wie zum Beispiel:

„Wenn wir uns alle im Himmel treffen,
gibt es dort keine Trennung .
Wenn wir uns alle im Himmel treffen, gibt es keine Trennung mehr."

Wir kamen am Bahnhof an und mussten auf die Autos warten, die die anderen aus dem Gefängnis von Sumterville brachten , aber sie kamen bald in Sicht, und als der Lärm der Autos verstummt war, hörten wir Wehklagen und Schreie von den Leuten in den Autos. Während einige weinten, spielten andere Geige, spielten Banjo und tanzten, wie sie es in ihren Hütten auf den Plantagen zu tun pflegten. Diejenigen, die so fröhlich waren, hatten sehr schlechte Herren, und obwohl die Gefahr bestand, dass sie an einen ebenso schlechten oder noch schlimmeren verkauft wurden, waren sie doch froh, den los zu sein, den sie kannten.

Während die Waggons am Bahnhof standen, versammelte sich eine große Menge Weißer, die lachten und über die Aussicht auf den Verkehr mit Schwarzen sprachen. Doch als die Waggons losfuhren und der Schaffner rief: „Alle, die mit diesem Zug fahren, müssen unverzüglich einsteigen", schrien die Farbigen wie aus einem Mund, als ob Himmel und Erde zusammenkämen. Es war so erbärmlich, dass diese hartherzigen Weißen, die ihr Leben lang daran gewöhnt waren, Sklaven zu treiben, wie Kinder weinten. Als die Waggons wegfuhren, hörten wir das Weinen und Wehklagen der Sklaven, so weit man menschliche Stimmen hören konnte. Von diesem Zeitpunkt an bis heute habe ich weder meine beiden Schwestern noch einen derjenigen gesehen oder gehört, die an diesem denkwürdigen Tag den Bahnhof von Clarkson verließen.

DIE ART, WIE DIE SKLAVEN LEBTEN.

Die meisten Hütten zur Zeit der Sklaverei waren so gebaut, dass sie zwei Familien beherbergen konnten; manche hatten Trennwände, andere keine. Wenn es keine Trennwände gab, richtete jede Familie ihren eigenen Teil so ein, wie sie konnte; manchmal holten sie alte Bretter und nagelten sie zu , wobei sie die Ritzen mit Lumpen stopften; wenn sie keine Bretter bekommen konnten, hängten sie alte Kleider auf. Wenn die Familie größer wurde, schliefen alle Kinder zusammen, Jungen und Mädchen, bis eines heiratete; dann wurde dieser ein Teil einer anderen Hütte zugewiesen, aber der Rest musste bei ihrer Mutter und ihrem Vater bleiben, wie in der Kindheit, es sei denn, sie konnten zu Verwandten oder Freunden mit kleinen Familien kommen oder sie wurden verkauft; aber natürlich hielten sich die Sklaven bis zu einem gewissen Grad an die Regeln der Sittsamkeit, während man aufgrund ihrer Lage nicht erwarten konnte, dass sie sich im höchsten Maße daran hielten. Einen Teil der Zeit schliefen die jungen Männer in dem als Küche bekannten Raum, und die jungen Frauen schliefen im Zimmer mit ihrer Mutter und ihrem Vater. Die beiden Familien mussten einen Kamin benutzen. Wer mit der Lebensweise der Sklaven in ihren Hütten vertraut war, konnte gleich beim Betreten erkennen, ob sie freundlich gesinnt waren oder nicht. Wenn sie nicht einer Meinung waren, trafen die Feuer der beiden Familien nicht auf den Herd, sondern es herrschte eine Leere zwischen ihnen, was ein Zeichen der Uneinigkeit war. In einem Fall dieser Art, in dem eine der Familien dem Herrn ein Schwein, eine Kuh oder ein Schaf stahl, musste er es zu einigen seiner Freunde bringen, aus Angst, von der anderen Familie verraten zu werden. Einmal stahl ein Mann, der mit einer unfreundlichen Familie zusammenlebte, ein Schwein, tötete es und trug etwas von dem Fleisch nach Hause. Er wurde von jemandem aus der anderen Familie gesehen, der ihn dem Aufseher meldete, und dieser verprügelte den Mann heftig. Einige Zeit später dachte dieser Mann, der verraten worden war, er würde es seinem Feind heimzahlen; also tötete er etwa zwei Monate später ein weiteres Schwein, und nachdem er einen Teil davon gegessen hatte, schlich er sich in die Wohnung der anderen Familie und versteckte einen Teil des Fleisches zwischen den alten Kleidern. Dann erzählte er dem Aufseher, dass er den Mann spät in der Nacht ausgehen sah und dass er erst am nächsten Morgen nach Hause kam. Als er zurückkam, rief er seine Frau ans Fenster und sie hatte etwas hineingebracht. Er wusste nicht, was es war, aber wenn der Aufseher sofort dorthin ginge, würde er es finden. Der Aufseher ging und suchte und fand das Fleisch, also wurde der Mann ausgepeitscht. Er erzählte dem Aufseher, dass der andere Mann es in seiner

Wohnung aufbewahrt hatte, während die Familie weg war, aber der Aufseher sagte ihm, dass jeder Mann für seine eigene Wohnung verantwortlich sein müsse.

Sie möchten bestimmt wissen, wie die Sklaven im Sommer, wenn es so heiß war, in ihren Hütten schlafen konnten. Wenn es für sie zu warm war, um bequem zu schlafen, schliefen sie alle unter Bäumen, bis es zu kühl wurde, das heißt etwa im Oktober. Dann nahmen sie ihre Betten und gingen zu Fuß.

JOE UND DER TRUTHAHN.

Joe war ein Junge, der bei seinem Herrn, einem gewissen Mr. King, Kellner war, und er und seine Frau liebten Gesellschaft sehr. Mrs. King hatte immer Hühner und Truthahn zum Abendessen, aber einmal war die Gesellschaft so groß, dass sie nichts für die Bediensteten übrig ließen. Als Joe an diesem Tag feststellte, dass alles aufgegessen war, während Herrin und Herr mit der Gesellschaft beschäftigt waren, schlachtete er einen Truthahn, nahm ihn aus und legte ihn in den Topf. Da er ihn aber nicht zerlegte, ragten die Knie des Truthahns aus dem Topf, und da er sie nicht bedecken konnte, legte er eines seiner Hemden darüber. Als Mrs. King Joe rief, antwortete er, ging aber nicht sofort weg, wie er es normalerweise tat, und als er ging, sagte seine Herrin: „Joe, was war los mit dir?" Er antwortete: „ Noffing , Missis." Dann ging er und öffnete das Tor für die Gesellschaft. Bald darauf war Joe wieder in der Küche, und Mrs. King ging hinunter, um zu sehen, was er tat. Als sie den Topf sah, sagte sie: „Joe, was ist in diesem Topf?" Er sagte: „ Ich hab nichts mehr von meinem Hemd, Missis. Ich werde es waschen." Sie glaubte ihm nicht, also nahm sie eine Gabel und stach damit in den Topf. Dabei holte sie das Hemd heraus und fand den Truthahn. Sie fragte ihn, wie der Truthahn in den Topf gekommen sei. Er sagte, er wisse es nicht, aber er vermute, dass der Truthahn selbst hineingekommen sei, da die Hühner sehr gern in die Küche gingen. Also bekam Joe eine Tracht Prügel, weil er zugelassen hatte, dass der Truthahn in den Topf gelangte.

DER BRAUCH VON WEIHNACHTEN.

Sowohl Herren als auch Sklaven betrachteten Weihnachten als einen großen Tag. Wenn die Sklavenhalter eine große Ernte eingefahren hatten, waren sie zufrieden und schenkten den Sklaven fünf bis sechs Tage, die die Neger sehr genossen , besonders diejenigen, die tanzen konnten. Der Weihnachtsmorgen wurde sowohl von Herren als auch von Sklaven als heilig angesehen, aber am Nachmittag oder an einem Teil des nächsten Tages mussten sich die Sklaven dem Vergnügen ihrer Herren widmen. Einige der Herren kauften Geschenke für die Sklaven, wie Hüte und Tabak für die

Männer, Taschentücher und Kleinigkeiten für die Frauen; diese Dinge wurden ihnen gegeben, nachdem sie sich darüber gefreut hatten; entweder nach dem Tanzen oder nach etwas zu ihrer Unterhaltung.

Wenn die Sklaven zu ihren Herren und Herrinnen kamen, hießen diese sie willkommen, die Männer nahmen ihre Hüte ab und verbeugten sich, und die Frauen erwiesen eine tiefe Höflichkeit. Es standen zwei oder drei große Eimer mit gesüßtem Wasser bereit, in denen sich jeweils ein oder zwei Gallonen Whisky befanden; dies wurde ihnen so lange ausgeschenkt, bis sie halb betrunken waren; währenddessen wünschten diejenigen, die gut reden konnten, ihren Herren und Herrinnen alles Gute , und einige, die in Afrika geboren waren, sangen einige ihrer Lieder oder erzählten verschiedene Geschichten über afrikanische Bräuche. Danach verbrachten sie einen halben Tag mit Tanzen in einem großen Baumwollhaus oder auf einem Gerüst. Der Herr stellte Geiger zur Verfügung, die von anderen Plantagen kamen, wenn keine vorhanden waren, und die bei diesen Gelegenheiten zwischen fünfzehn und zwanzig Dollar erhielten.

Viele der strenggläubigen Mitglieder der Kirche, die nicht tanzten, wurden gezwungen, es zu tun, um ihren Herren zu gefallen. Die beliebtesten Lieder waren „The Fisher's Hornpipe", „The Devil's Dream" und „Black-eyed Susan". Niemand kann die intensiven Emotionen in der Seele der Neger beschreiben , wenn sie versuchten, ihren Herren und Herrinnen zu gefallen.

Nach dem Tanzen bekamen wir unsere Geschenke: der Herr gab sie den Männern und die Herrin den Frauen. Dann gingen die Sklaven in ihre Quartiere und tanzten die restlichen fünf oder sechs Tage weiter, manchmal sogar bis Sonntagmorgen um acht. Die Hütten waren meist aus Baumstämmen gebaut und hatten große Risse, so dass man nachts kilometerweit das Licht darin sehen konnte. Tagsüber schien natürlich die Sonne durch sie hindurch, und wenn sie am Sonntagmorgen tanzten und nicht aufhören wollten, konnte man sehen, wie sie die Risse mit alten Lumpen stopften. Der Gedanke war, dass es drinnen kein Sonntag wäre, wenn sie die Sonne draußen hielten, und so den Sabbat nicht entweihten. So ging es weiter, bis die Sklaven freigelassen wurden.

Meine Leser möchten vielleicht wissen, ob die meisten Neger dazu neigten, den Sabbath zu missachten. Das taten sie. Da ihre Herren sie unnötige Arbeit verrichten ließen, gewöhnten sie sich an, den Tag nicht als Ruhetag zu betrachten und taten am Sonntag viele Dinge, die im Norden nicht erlaubt gewesen wären. Wenn man damals im Süden über die großen Baumwoll- und Reisplantagen ging, sah man einige am Sonntag tanzen, andere waren in den Wäldern und auf den Feldern und jagten Kaninchen und anderes Wild, und einige töteten Schweine, die ihren Herren oder Nachbarn gehörten. Ich erinnere mich, wie ich als kleiner Junge an einem Sonntagmorgen mit einem meiner Negerkameraden, er hieß Munson, wir nannten ihn aber Pash , in die Wälder ging und eins von den Schweinen unseres Herren tötete, es bis zum Abend unter den Blättern versteckte, es dann mit nach Hause nahm und zurechtmachte. Das war das einzige Mal, dass ich ein Schwein tötete, aber ich kenne Tausende solcher Fälle aus der Zeit der Sklaverei. Aber Gott sei Dank ist das Jubeljahr gekommen und die Neger können sonntags vom Tanzen, von der Jagd und aus den Schweineställen des Herrn zurückkehren und den Sabbath einhalten, gute moralische Gewohnheiten annehmen und vor dem Gesetz die gleichen Rechte genießen.

VERSCHIEDENEN PERSONEN WERDEN STRAFEN AUFERLEGT.

Einer meiner schwarzen Kameraden , der zu Col. MR Singleton gehörte, besuchte die Plantage der Schwester des Col.; der Aufseher dieser Plantage hatte Fremden verboten, dorthin zu gehen, aber dieser Mann, dessen Name Harry war, ging hin. Der Aufseher hörte von ihm, konnte ihn aber nicht fangen, aber der Aufseher des Hauses des Herrn schickte ihn zu Mr. Jackson (dem Aufseher des Hauses der Schwester des Herrn). Mr. Jackson fesselte ihn und schlug ihn mit dreihundert Peitschenhieben und sagte dann zu ihm: „Harry, wenn du nicht so ein guter Nigger wärst, hätte ich dir eine erstklassige Tracht Prügel verpasst, aber da du ein guter Kerl bist und ich dich so sehr mag, dachte ich, ich würde dir jetzt eine leichte Tracht Prügel verpassen; du musst ein guter Nigger sein und dich benehmen, denn wenn ich dich jemals wieder festhalten muss, werde ich dir eine ordentliche Tracht Prügel verpassen." Als Mr. Jackson ihn von der Fessel losmachte, war Harry so erschöpft, dass er hinfiel. Deshalb schickte Mr. Jackson ihn in einem Karren nach Hause. Er durfte ein oder zwei Monate nicht arbeiten und war nie wieder derselbe Mensch .

DIE BESTRAFUNG UND DER VERKAUF AM MONTAG.

Es gab einen Mann namens Monday, der dem Herrn gehörte und ein guter Feldarbeiter war. Im Sommer waren die Aufgaben, die die Sklaven normalerweise zu erledigen hatten, für sie zu viel, und deshalb wurden sie schwer ausgepeitscht, aber Monday wartete nicht darauf, ausgepeitscht zu werden, sondern rannte weg, bevor der Aufseher oder Fahrer ihn erreichen konnte. Manchmal heuerte der Herr einen Weißen an, der nichts anderes tat, als entlaufene Sklaven zu jagen, um seinen Lebensunterhalt zu verdienen. Dieser Mann nahm fünfzehn bis zwanzig Hunde mit, um Monday zu jagen, aber oft blieb er drei oder vier Monate lang draußen. Wenn er gefangen und nach Hause gebracht wurde, wurde er ins Gefängnis gesteckt und eine oder zwei Wochen lang jeden Tag ausgepeitscht, aber sobald er konnte, rannte er wieder weg.

Als er einmal nach Hause gebracht wurde, war ihm ein Arm gefesselt und er wurde in die Obhut eines Wärters gegeben, der ihn tagsüber mit den anderen Sklaven arbeiten ließ und ihn nachts einsperrte. Trotzdem entkam er seinem Wärter und ging wieder in die Wälder. Als er das letzte Mal weglief, wurden zwei Weiße angeheuert, um ihn zu jagen. Sie hatten ungefähr fünfundzwanzig Bluthunde, aber dieses Mal traf Monday auf einen anderen Sklaven, der seinem Herrn weggelaufen war und sieben Jahre im Wald verbracht hatte, und gemeinsam konnten sie den größten Teil der Hunde töten. Schließlich fingen die Weißen seinen Gefährten, Monday jedoch nicht, obwohl sie ihn noch zwei oder drei Tage länger jagten. Er kam jedoch selbst nach Hause. Sie peitschten ihn nicht aus, und er ging aufs Feld arbeiten. Zwei oder drei Wochen lang lief es sehr gut mit ihm, bis eines Tages ein Weißer gesehen wurde, der mit dem Aufseher durch die Felder ritt. natürlich misstrauten die Sklaven seinem Vorhaben nicht, da weiße Männer die Plantage ihres Herrn oft besuchten, aber in dieser Nacht, als alle Sklaven schliefen, ging der Mann, der tagsüber gesehen wurde, zur Tür von Mondays Hütte und rief ihn aus dem Bett, und als er an seiner Tür angekommen war, legte ihm der Fremde, den er an diesem Tag noch nie gesehen hatte, Handschellen an und sagte: „Du gehörst jetzt mir." Die meisten Sklaven fanden es heraus, als Monday auf einen Karren gesetzt und durch die Straßen der Negerviertel gefahren wurde , und es gab ziemliche Aufregung, aber man hörte nie wieder etwas von Monday.

DIE GESCHICHTE VON JAMES HAY.

Es gab einen Sklaven namens James Hay, der einem Nachbarn seines Herrn gehörte. Er wurde sehr oft bestraft, weil er seine Aufgabe nicht erledigen konnte. Die anderen Sklaven hatten Mitleid mit ihm, weil er seine Aufgabe scheinbar nicht erfüllen konnte. Eines Abends bekam er eine schwere Tracht Prügel. Am nächsten Morgen, als die Sklaven ihre Aufgaben zugeteilt bekamen, kam eine alte Dame namens Tante Patience vorbei und sagte: „Mach dir keine Sorgen, Jim, mein Sohn, der Herr wird dir heute bei deiner Aufgabe helfen." Er antwortete: „Ja, Ma'am." Er begann seine Arbeit sehr gewissenhaft und machte weiter, bis sie zur Hälfte erledigt war. Dann legte er sich unter einen Baum. Die anderen verstanden seine Absicht nicht und dachten, er sei müde und würde sich ausruhen. Aber er kehrte nicht zu seiner Aufgabe zurück, bis der Aufseher ihn rief und fragte, warum er seine Arbeit nicht fast fertig hätte. Er sagte: „Tante Patience hat mir heute Morgen gesagt, dass der Herr mir heute helfen würde, und ich dachte, da ich die Hälfte der Aufgabe erledigt hatte, hätte der Herr vielleicht auch die andere Hälfte erledigt, wenn er mir überhaupt helfen wollte." Der Aufseher sagte: „Sie sehen, der Herr ist nicht gekommen, um Ihnen zu helfen, und wir werden nicht auf ihn warten, sondern wir werden Ihnen helfen." Jim wurde also streng bestraft. Einige Zeit später wurde Jim Hay von einigen Religionslehrern besucht. Sie fragten ihn, ob er es nicht satt hätte, dem Teufel zu dienen, und sagten ihm, der Herr sei gut und habe vielen seiner Leute geholfen und würde allen helfen, die ihn darum baten, und sie dann in den Himmel heimholen. Jim sagte, wenn der Herr nicht einen halben Morgen seiner Arbeit für ihn erledigen würde, wenn er sich auf ihn verlasse, könne er ihm nicht vertrauen, und meines Wissens wurde Jim nie Christ.

DIE GESCHICHTE VON MR. USOM UND JACK.

wie gewöhnlich beim Aufseher, Mr. Usom , waren, sagte er zu einem von ihnen: „Jack, findest du nicht, dass die Hölle ein sehr heißer Ort ist, wenn sie so ist, wie sie beschrieben wird?" Jack sagte: „Ja, Massa ." Mr. Usom sagte: „Nun, was denkst du, wie es mit den armen Kerlen sein wird, die dorthin müssen?" „Nun, Massa Bob, ich werde dir sagen, was ich darüber denke . Ich denke , wir Nigger brauchen uns nicht so viele Gedanken über die Hölle zu machen wie die Weißen." „Wie ist das, Jack?" Jack antwortete: „Weil wir Nigger in der heißen Sonne arbeiten müssen, und wenn wir in die Hölle kämen, wäre es für uns nicht so schlimm, weil wir an Wärme gewöhnt sind, aber für die Weißen wäre es schlimm, weil sie heißes Wetter nicht gewohnt sind."

DIE GESCHICHTE VON JAMES SWINE UND SEINEM TOD.

Es gab einen Neger, der einem gewissen Mr. Clarkson gehörte; er hieß Jim Swine; sein richtiger Name war James, aber er wurde Jim Swine genannt, weil er Schweinefleisch liebte und oft Schweine von seinem Herrn oder den Nachbarn stahl; er war ein sehr kräftiger Mann, wog etwa zweihundertfünfundzwanzig Pfund und war ein sehr guter Feldarbeiter. Natürlich ist allgemein bekannt, dass viele der Sklaven schlecht ernährt waren, also war es natürlich, dass sie alles nahmen, was sie zum Überleben kriegen konnten. Da sein Herr nur wenige Schweine hatte, stahl er viele von den Nachbarn und wurde dafür sehr oft bestraft.

Manchmal wurde er bestraft, wenn ein Schwein fehlte, auch wenn sie das Fleisch nicht bei ihm fanden. Jim lief nicht oft weg, aber wenn sie ihn auspeitschten, obwohl er das Schwein, das sie ihm vorwarfen, nicht gestohlen hatte, ging er in den Wald und blieb dort, bis er bereit war, nach Hause zu kommen. Er war so stark, dass sie Angst vor ihm hatten; drei oder vier Männer griffen ihn im Wald nicht an. Als Jim das letzte Mal Schweine stahl, wurde er dabei erwischt, wie er meinem Herrn, Col. Singleton, eines wegnahm. Sie fesselten ihn und schickten nach Mr. Clarksons Aufseher, seinem eigenen Sohn, Thomas Clarkson. Jim wurde nach Hause gebracht, ausgepeitscht und ihm wurde ein gepökeltes Stück Schwein um den Hals gebunden; dann musste er tagsüber zusammen mit den anderen Sklaven arbeiten und wurde nachts für zwei Wochen ins Gefängnis gesteckt. Eines Morgens, als der Aufseher zu seinem Gefängnis ging, um ihn aufs Feld zu bringen, fand er ihn tot vor, mit einem großen Stück Fleisch am Hals. Die Nachricht von seinem Tod sprach sich bald herum, ebenso die Todesursache, und als der alte Mr. Clarkson davon erfuhr, war er sehr wütend auf seinen Sohn Thomas, und zur Strafe wurde er von seiner Plantage vertrieben mit dem Befehl, nie wieder zurückzukehren, und sollte nichts von seinem Besitz haben. Dies schien Thomas sehr zu betrüben, und er unternahm mehrere Versuche, die Zuneigung seines Vaters zurückzugewinnen, doch es gelang ihm nicht. Schließlich schrie Thomas eines Nachts laut auf, er habe eine sehr wertvolle Perle gefunden, der Herr habe ihm seine Sünden vergeben und er schließe sich der ganzen Menschheit an. Als sein Vater davon hörte, ließ er ihn nach Hause kommen, gab ihm eine ziemliche Summe Geld und vermachte ihm den Teil seines Besitzes, den er ihm vorenthalten wollte. Aber der arme Jim war nicht da, um ihm zu vergeben.

EIN MANN, DER FÜR EIN SCHWEIN GEHALTEN WIRD.

Zwei Neger wollten ihren Herren Schweine stehlen. Die Schweine standen unter einer Scheune, denn im Süden waren die Scheunen hoch genug, dass Schweine darunter stehen konnten. Der Mann, der unter die Scheune ging, sagte zu dem anderen: „Du musst das Schwein schlagen, das am langsamsten läuft." Dann ging er auf Knien unter die Scheune, um sie herauszutreiben, während der andere mit seinem Knüppel zum Schlag bereit stand, aber sie rannten so schnell heraus, dass er sie nicht treffen konnte, außer das letzte, wie er dachte, das gerade langsam genug kam, und er schlug zu. Während das vermeintliche Schwein um sich trat, sprang er darauf, um es mit seinem Messer zu erstechen, stellte aber fest, dass es sein Gefährte war.

BRAUCH DER HEXEN UNTER SKLAVEN.

Die Hexen unter den Sklaven waren angeblich Personen, die jeden Tag mit ihnen arbeiteten, und wurden alte Hexen oder Laternen genannt. Diejenigen, sowohl Männer als auch Frauen, die, wenn sie alt geworden waren, alt aussahen, galten als Hexen. Manchmal versammelten sich die Neger nach dem Abendessen in den Hütten der anderen, die auf die großen Öffnungen der Plantage hinausgingen, und wenn sie in großer Entfernung ein Licht sahen und es auf- und zuging, sagten sie: „Da ist eine alte Hexe", und wenn es aus einer Richtung kam, in der diejenigen lebten, die sie Hexen nannten, sagte einer: „ Das sieht aus wie die alte Tante Susan", ein anderer sagte: „Nein, das sieht aus wie eine alte Hexe", noch ein anderer: „Ich glaube , das sieht aus wie der alte Onkel Renty ."

Als das Licht verschwunden war, sagten sie, die Hexe sei in die Plantage gekommen und habe sich in einen Menschen verwandelt. Sie sei auf dem Gelände umhergegangen und habe wie andere mit den Leuten geredet, bis diejenigen, die sie verzaubern wollte, zu Bett gegangen seien. Dann habe sie sich wieder in eine Hexe verwandelt. Sie behaupteten, die Hexen würden Menschen wie Pferde reiten und der Speichel, der einem beim Schlafen an der Wange herunterlief, sei das Zaumzeug, mit dem die Hexe ritt. Manchmal wurde ein Baby von seiner Mutter erstickt und man schrieb es einer Hexe zu. Wenn sie nachts auf die Jagd gingen und verloren gingen, glaubte man, eine Hexe hätte sie weggeführt, besonders wenn sie in einen Teich oder Bach gefallen waren. Als kleiner Junge hatte ich viele Probleme mit Hexen und habe sie auch jetzt manchmal, aber nur, wenn ich ein herzhaftes Abendessen esse und sofort ins Bett gehe. Einige Sklaven erzählten, dass die Hexen manchmal in die Zimmer der Hütten gingen und sich versteckten, bis die Familie zu Bett ging. Wenn also jemand behauptete, er sei vor dem Schlafengehen in die Wohnung gegangen und habe geglaubt, eine Hexe gesehen zu haben, wurde, wenn er eine alte Bibel in der Hütte hatte, diese ins Zimmer gebracht, und die Person, die die Bibel trug, sagte beim Hineingehen: „Im Namen des Vaters und des Sohns und des Heiligen Gottes, was willst du?" Dann wurde die Bibel in die Ecke gelegt, in der die Person geglaubt hatte, die Hexe gesehen zu haben, da man allgemein glaubte, dass die Hexe dann nicht bleiben konnte. Wenn sie die Bibel nicht bekommen konnten, zerstampften sie roten Pfeffer und Salz und streuten sie im Zimmer aus, aber in diesem Fall spürten sie die Auswirkungen im Allgemeinen stärker als die Hexe, denn wenn sie zu Bett gingen, mussten sie die ganze Nacht husten. Als ich ein kleiner Junge war, schickte mich meine Mutter ins Zimmer der Hütte, um etwas zu holen, und als ich hineinkam, sah ich etwas Schwarzweißes, aber ich blieb nicht stehen, um nachzusehen, was es war, sondern rannte hinaus und sagte, dass eine Hexe im Zimmer sei. Aber Vater, der in Afrika geboren war, glaubte nicht an so etwas, also nannte er mich einen Narren und peitschte mich, und die Hexe bekam es mit der Angst zu tun und rannte zur Tür hinaus. Es stellte sich heraus, dass es unsere eigene schwarz-weiße Katze war, mit der wir Kinder jeden Tag spielten. Obwohl es sich als die Katze herausstellte und Vater nicht an Hexen glaubte, war ich dennoch der Meinung, dass es so etwas gab, denn ich dachte, die Mehrheit der Leute glaubte daran und dass sie mehr wissen müssten als ein einzelner Mensch. Einige Zeit nachdem ich frei war und von Columbia nach Camden reiste, eine Entfernung von etwa 32 Meilen, wurde es auf halbem Weg dunkel; es war sehr dunkel und regnerisch, und als ich mich einem Bach näherte, sah ich eine große Zahl von Lichtern dieser Hexen auf- und zugehen. Ich wusste nicht, was ich tun sollte, und dachte daran, umzukehren, aber als ich zurückblickte, sah ich in der Ferne einige Hexen, also sagte ich: „Wenn ich umkehre, werden sie mir entgegenkommen, und ich bin in ebenso großer Gefahr, als wenn ich weitergehe", und ich dachte daran, was einige meiner schwarzen Kameraden über ihre Männer gesagt hatten, die sie in Teiche und Bäche führten. Direkt vor mir war ein Bach, also kam ich zu dem Schluss, dass ich in dieser Nacht ertrinken würde; ich ging jedoch weiter, da ich keine Möglichkeit sah, umzukehren. Als ich in die Nähe des Baches kam, flog mir eine der Hexen ins Gesicht. Ich sprang zurück und packte sie, aber es stellte sich heraus, dass es einer dieser Glühwürmchen war, und ich dachte, wenn alle Hexen so wären, würde ich von ihnen nicht in großer Gefahr sein.

DER TOD VON CYRUS UND STEPNEY .

Der alte Oberst Dick Singleton besaß, wie ich bereits erwähnte, mehrere staatliche Besitztümer. Im Süden kauften die reichen Männer, die viel Geld hatten, alle Plantagen, die sie kriegen konnten, und bekamen sie sehr billig. Der Oberst besaß etwa zehn oder zwanzig Besitztümer und ließ auf jedem davon Sklaven ansiedeln.

Er hatte vier Kinder, und nachdem jedes eine Plantage erhalten hatte, wurden die übrigen Staatsgüter genannt und konnten nicht verkauft werden, bis alle Enkel volljährig waren; nachdem sie alle Güter erhalten hatten, konnten die übrigen verkauft werden.

Einer dieser Orte hieß Biglake . Die Sklaven an diesen Orten wurden grausamer behandelt als an denen, wo der Besitzer lebte, denn die Aufseher hatten volle Macht.

Eines Tages bestrafte der Aufseher von Biglake die Sklaven so sehr, dass einige von ihnen erschöpft zusammenbrachen. Als er zu den beiden Männern, Cyrus und Stepney , kam, leisteten sie Widerstand, wurden aber mit Gewalt gefangen genommen und schwer bestraft. Einige Tage später starb der Aufseher, und die beiden Männer wurden festgenommen und auf der Plantage ohne Richter oder Geschworene gehängt.

Danach wurde ein weiterer Aufseher angeheuert, der den Befehl hatte, sich zu bewaffnen, und jeder Sklave, der sich seiner Strafe nicht unterwarf, sollte sofort erschossen werden. Manchmal, wenn der Aufseher wütend auf einen Mann war, schlug er ihm mit einem Knüppel auf den Kopf und tötete ihn auf der Stelle, und sie begruben ihn auf dem Feld. Einige rannten weg und kamen zu MR Singleton, meinem Herrn, aber er sagte ihnen nur, sie sollten nach Hause gehen und sich benehmen. Dann wurden sie mit Handschellen oder Ketten gefesselt und nach Biglake zurückgebracht , und wenn wir wieder von ihnen hörten, war der größte Teil ermordet. Wenn sie vom Haus ihres Herrn weggebracht wurden, verabschiedeten sie sich von uns und sagten, sie wüssten, dass sie getötet würden, wenn sie nach Hause kämen.

Oh! Wer kann das traurige Gefühl in unseren Köpfen beschreiben, als wir sahen, wie unsere eigene Rasse angekettet und nach Hause gebracht wurde, um den bitteren Kelch des Todes von ihren gnadenlosen Unterdrückern zu trinken, und niemand in der Nähe war, der sagen konnte: „Verschone ihn, Gott hat ihn erschaffen", oder „Hab Erbarmen mit ihm, denn Jesus starb für ihn." Seine Gefährten wagten es nicht, lauter als ein Flüstern zu stöhnen, aus Angst, dasselbe Schicksal zu erleiden; aber Gott sei Dank war die Stimme des Herrn im Norden zu hören, die sagte: „Geht schnell in den Süden und lasst mein im Gefängnis gefangenes Volk frei, denn ich habe ihre Schreie von Baumwoll-, Mais- und Reisplantagen gehört, die sagten: Wie lange dauert es, bis du kommst, um uns von dieser Kette zu befreien?" Und der Herr sagte zu ihnen: „Wartet, ich werde euch John Brown schicken, der der Schlüssel zur Tür eurer Freiheit sein wird, und ich werde das Herz von Jefferson Davis, eurem Teufel, verhärten, damit ich ihm und seinen Anhängern meine Macht zeigen kann; dann werde ich euch Abraham Lincoln schicken, meinen Engel, der euch aus dem Land der Knechtschaft in das Land der Freiheit führen wird." Unsere Väter starben alle in der „Wildnis", aber Gott sei Dank erreichten die Kinder das „gelobte Land".

SO ERKANNTEN DIE SKLAVEN, DASS SICH UNTER IHNEN DIEBE BEFANDEN.

Die Sklaven hatten drei Möglichkeiten, Diebe zu entlarven: eine mit einer Bibel, eine mit einem Sieb und eine weitere mit Friedhofsstaub. Die erste Methode war folgende: Es wurden vier Männer ausgewählt, von denen einer eine Bibel mit einer daran befestigten Schnur hatte, und jeder Mann hatte seine eigene Rolle zu spielen. Natürlich geschah dies nachts, da dies die einzige Zeit war, in der sie sich um die Dinge kümmern konnten, die sie selbst betrafen. Diese vier begannen mit jedem Mann der Familie in der ersten Hütte, und einer, der die Schnur an der Bibel hielt, sagte: „John oder Tom", wie auch immer die Person hieß, „Sie werden beschuldigt, zu dieser Zeit ein Huhn oder ein Kleid von Sam gestohlen zu haben", dann sagte einer der anderen beiden: „John hat das Huhn gestohlen", und ein anderer sagte: „John hat das Huhn nicht gestohlen." Sie behaupteten mindestens fünf Minuten lang weiter, dann steckte der Mann einen Stock in die Schlaufe des Fadens, der an der Bibel befestigt war, und sagte, während er ihn so ruhig wie möglich hielt: „Bibel, im Namen des Vaters und des Sohnes und des

Heiligen Geistes, wenn Johannes das Huhn gestohlen hat, dann dreh dich um", das heißt, wenn der Mann das gestohlen hatte, was ihm vorgeworfen wurde, dann sollte sich die Bibel am Faden umdrehen, und das wäre ein Beweis, dass er sie tatsächlich gestohlen hatte. Dies wurde dreimal wiederholt, bevor sie die Hütte verließen, und wenn die Plantage sehr groß war, brauchten die Männer manchmal einen Monat, das heißt, wenn sie nicht die richtige Person fanden, bis sie den ganzen Ort durchkämmt hatten.

Die zweite Methode, mit der sie Diebe aufspürten, war der ersten sehr ähnlich, nur dass sie statt einer Bibel ein Sieb verwendeten. Sie steckten eine Schere mit einer daran befestigten Schnur in das Sieb und steckten einen Stock durch die Schlaufe der Schnur. Dabei wurden dieselben Worte wie für die Bibel verwendet. Manchmal zeigten die Bibel und das Sieb die Namen von Personen an, deren Charakter über jeden Verdacht erhaben war. In diesem Fall beschuldigten sie entweder die Männer, die die Bibel und das Sieb repariert hatten, des Fehlers, oder der Mann, der durch das Umdrehen der Bibel und des Siebs beschuldigt wurde, sagte, er sei in der Nähe des Hühnerstalls vorbeigekommen, aus dem das Huhn gestohlen wurde. Dann sagten sie: „Bruder John, wir sehen, wie das Ding funktioniert. Sie gehen in derselben Nacht am Hühnerstall vorbei, in der das Huhn wegging."

Wenn sich die Bibel oder das Sieb jedoch auf den Namen einer Person richtete, von der sie wussten, dass sie oft gestohlen hatte, und diese Person nicht zugab, dass sie das Huhn gestohlen hatte, dessen sie beschuldigt wurde, musste sie zugeben, dass sie zuvor gestohlene Waren hatte oder dass sie zu dem Zeitpunkt, als das Huhn oder das Kleid gestohlen wurde, ans Stehlen gedacht hatte. Dann würde dieses Untersuchungskomitee die Wende der Bibel oder des Siebs auf die obige Aussage der angeklagten Person rechtfertigen.

Die Väter und Mütter der Sklaven lehrten die dritte Methode, Diebe zu erkennen. Sie sagten, egal wie untreu ein Mann während seines Lebens gewesen sein mochte, wenn er starb, müsse er die Wahrheit sagen und zu allem stehen, was er je getan hatte, und was auch immer die Lebenden mit irgendetwas zu tun hatten, das die Toten betraf, müsse wahr sein, sonst würden sie sofort sterben und in die Hölle kommen, um in Feuer und Schwefel zu brennen. Daher war der Friedhofsstaub die zuverlässigste der drei Methoden, um Diebe zu erkennen. Der Staub wurde aus dem Grab der Person genommen, die zuletzt gestorben war, und in eine Flasche mit Wasser gefüllt. Dann verwendeten zwei der Männer des Untersuchungsausschusses dieselben Worte wie im Fall der Bibel und des Siebes: „John hat das Huhn gestohlen", „John hat das Huhn nicht gestohlen", und nachdem dies etwa fünf Minuten lang so weitergegangen war, sagte einer der beiden anderen, die sich um die Bibel und das Sieb kümmerten: „John, Sie sind angeklagt, das Huhn gestohlen zu haben, das zu dieser Zeit aus Sams Hühnerstall gestohlen wurde." „Im Namen des Vaters und des Sohnes und des Heiligen Geistes, wenn du Sams Huhn genommen hast, trinke dieses Wasser nicht, denn wenn du es tust, wirst du sterben und in die Hölle kommen und in Feuer und Schwefel verbrannt werden, aber wenn du es nicht getan hast, kannst du es nehmen und es wird dir nicht schaden." Wenn John also das Huhn genommen hätte, würde er es besitzen und nicht das Wasser.

Manchmal wurden diejenigen, deren Charakter über jeden Verdacht erhaben war, als Diebe entlarvt, wenn sie Friedhofsstaub und -wasser probierten. Wenn die richtige Person entdeckt wurde, musste sie, wenn sie Hühner hatte, vier für eins hergeben, und wenn sie keine hatte, versprach sie, nie wieder welche zu geben. Wenn alle Männer auf der Plantage die Prüfung bestanden und niemand für schuldig befunden wurde, wurde das Diebesgut Fremden in Rechnung gestellt. Natürlich waren diese Bräuche unter den Negern zu ihrem eigenen Vorteil, denn sie betrachteten es nicht als Diebstahl, wenn sie ihrem Herrn etwas wegnahmen.

JOSH UND DER MAIS.

Ein Mann, der mit dem Futtersammeln beschäftigt war, legte einige grüne Maiskolben ins Feuer, um sie zu rösten, wie es die Sklaven normalerweise tun, wenn sie Futter sammeln, obwohl sie ausgepeitscht wurden, als sie gefangen wurden. Bevor die Kolben genug geröstet waren, näherte sich der Aufseher, und Josh nahm die Kolben mit einigen daran klebenden glühenden Kohlen heraus und steckte sie in seinen Hemdbusen. Beim Weglaufen fingen seine Kleider Feuer, und Josh sprang in einen Bach, um es zu löschen. Der Aufseher sagte zu ihm: „Josh, was machst du da?" Er antwortete: „Heute ist es so warm, dass ich dachte, ich würde in den Bach gehen, um mich abzukühlen , Sir." „Na, hast du dich abgekühlt, Josh?" „Oh! Ja , Sir, sehr viel kühler, Sir."

Josh war ein sehr guter Esser, so dass er von dem Scheffel Maismehl, den die Sklaven für eine Woche bekamen, nur die Hälfte bekam. Er schleppte große Holzstöcke auf seinen Schultern aus dem Wald, der eine bis anderthalb Meilen entfernt war, zuerst zu einem und dann zu einem anderen seiner Negerkameraden, die ihm etwas zu essen gaben; und auf diese Weise stellte er seine Wochenrationen zusammen.

Er pflegte, das Holz nachts zu holen, es vor die Hüttentür zu werfen, und wenn er hineinging, sagte jemand aus der Familie: „Na, Josh, du hast uns ein Stück Holz gebracht." Er brach in sein fröhliches Lachen aus und antwortete: „Ja." Kurz nachdem sie ihm etwas zu essen gegeben hatten, wünschte Josh ihnen gute Nacht, aber wenn er ging, verschwand auch das Holz. Er warf es wie zuvor vor die Tür einer anderen Hütte, ging hinein und holte etwas zu essen; aber jedes Mal, wenn er wegging, fehlte das Holz, bis er genug zu essen gefunden hatte, und dann ließ er es bei der letzten Hütte zurück. Diejenigen, denen Josh das Holz brachte, beschuldigten andere, es gestohlen zu haben, und als sie ihn danach fragten, lachte er nur und sagte, das Holz sei vor der Tür gewesen, als er herauskam.

Josh machte eine ganze Weile mit diesem Trick weiter. Schließlich brachte er eines Nachts ein Stück Holz mit, warf es vor die Tür einer Hütte, ging hinein und holte sich wie üblich etwas zu essen. Aber als er hereinkam, wünschte ihm der Mann der Familie, dem er das Holz brachte, eine gute Nacht und sagte, er hätte etwas zu erledigen, was ihn so lange beschäftigen würde, dass Josh weg sein würde, bevor er zurückkäme. Während Josh damit beschäftigt war, zu lachen und mit dem Rest der Familie zu reden, ging der Mann hinaus und versteckte sich in der Kaminecke einer anderen Hütte. Es dauerte nicht lange, nachdem er Stellung bezogen hatte, bevor Josh der Familie eine gute Nacht wünschte, pfeifend herauskam und das Holz auf die Schulter nahm, aber als er losging, rief der Wächter: „Bist du das, Josh?" Josh warf das Holz hin und antwortete: „Oh nein, ich bin es nicht." Natürlich war Josh so lustig, dass man ihm nicht böse sein konnte, selbst wenn man wollte; aber der Rest der Sklaven fand danach heraus, wie das Holz, das Josh ihnen gebracht hatte, fehlte.

1864 wurde er mit einigen anderen Negern von Mrs. MR Singletons Plantage nach Columbia geschickt, um unter General Wade Hampton Befestigungen zur Verteidigung gegen General Sherman zu bauen. Während er dort war, wurde er krank und starb unter dem Joch der Sklaverei; er hatte zwar von der Freiheit gehört, erlebte sie jedoch nicht mehr.

ENTLAUFENE SKLAVEN.

Meine Leser haben zweifellos schon gehört, dass es im Süden Männer gab, die es sich in der Zeit der Sklaverei zur Aufgabe gemacht haben, Hunde zu züchten und speziell für die Sklavenjagd auszubilden. Die meisten Besitzer stellten solche Männer unter der Bedingung ein, dass sie ihre entlaufenen Sklaven einfangen und zurückbringen sollten, ohne von den Hunden verletzt oder zerrissen zu werden. Die durchschnittlichen Beträge, die Jägern für das Einfangen eines Sklaven gezahlt wurden, betrugen zehn, fünfzehn und fünfundzwanzig Dollar; sehr oft wurden diese Beträge vom Gehalt des Aufsehers abgezogen, da sie mehr oder weniger die Ursache für das Entlaufen von Sklaven waren.

Meine Leser möchten wissen, ob die entlaufenen Sklaven jemals zu den Aufsehern und ihren Herren zurückkehrten, ohne von den Jägern gefangen zu werden. Manchmal geschah dies, und manchmal kehrten sie nie zurück. Manche blieben ihr Leben lang; andere, die zurückgekehrt wären, wurden krank und starben im Wald.

Meine Leser fragen, woher die Sklaven zu Hause wussten, wenn ihre schwarzen Kameraden , die Ausreißer, im Wald erkrankten oder starben. Im Allgemeinen stand jemand auf der Plantage, von der sie weggelaufen waren, oder vertraute Freunde auf einer anderen Plantage mit ihnen in Verbindung, sodass die Sklaven zu Hause durch solche Kontakte davon erfuhren, wenn ihnen etwas zustieß. Und manchmal erfuhren die Herren und Aufseher von ihrem Tod, allerdings nur indirekt, denn wenn bekannt wurde, dass jemand auf der Plantage mit dem Ausreißer zu tun hatte, wurde er bestraft, auch wenn der Herr und Aufseher die Information gerne entgegennehmen würden.

Manchmal versammelten sich Gruppen entlaufener Sklaven von acht, zehn oder sogar zwanzig, die verschiedenen Besitzern gehörten, in den Wäldern, was es für Sklavenjäger sehr schwierig und gefährlich machte, diejenigen zu fangen, die sie jagen sollten. In solchen Fällen töteten diese Entlaufenen manchmal sowohl Jäger als auch Hunde. Die dichten Wälder, in denen sie lebten, konnten nicht zu Pferd durchsucht werden, und weder Mensch noch Hund konnten darin laufen. Die Jäger hatten nur die Möglichkeit, entlaufene Sklaven zu fangen, indem sie sie entweder aus diesen dichten Wäldern vertrieben oder sie angriffen, wenn sie auf der Lichtung hervorkamen, um Nahrung zu suchen.

Natürlich waren die Ausreißer meist bewaffnet, und wenn sie in den Wäldern angegriffen wurden, kämpften sie. Meine Leser fragen, wie sie an Waffen gekommen waren und was für Waffen das waren, da Sklaven keine tödlichen Waffen besitzen durften. Einige besaßen große Messer, die von ihren schwarzen Mitmenschen, die Schmiede waren, angefertigt worden waren , andere stahlen Gewehre von weißen Männern, die sie beim Jagen achtlos herumliegen ließen. Die Ausreißer, die die Gewehre stahlen, wurden mit Pulver beladen und von einigen der anderen Sklaven zu Hause erschossen, die diese von armen weißen Männern kauften, die in den verschiedenen Teilen des Südens kleine Läden auf dem Land unterhielten.

Die entlaufenen Sklaven hatten im Allgemeinen Väter, Brüder, Cousins oder vertraute Freunde, die sie an bestimmten, vereinbarten Orten trafen und ihnen die Dinge brachten, die sie brauchten. Das meiste, was sie von ihren Mitnegern zu Hause wollten, war Salz und ein wenig Maismehl; denn sie lebten hauptsächlich von Rind- und Schweinefleisch, das sie entweder von ihren eigenen Herren oder aus dem Bestand anderer bezogen.

Meine Leser fragen, ob nicht einige der Sklaven zu Hause ihre schwarzen Mitmenschen , die Ausreißer, an den weißen Mann verraten haben. Ich antworte: Ja, das haben sie. Aber oft waren sie gut entdeckt, und wenn die Ausreißer im Wald eine Chance hatten, sie anzugreifen oder zu töten, wurden sie von ihnen bedrängt. Wenn sie andererseits auf Menschen trafen, denen sie vertrauen konnten, tauschten sie Rind- und Schweinefleisch gegen Brot, Maismehl und Salz, die sie im Wald brauchten, anstatt sie zu verletzen.

DIE ENTLAUFENEN SKLAVEN IM HAUS.

Anstatt in die Wälder zu gehen, blieben entlaufene Sklaven manchmal monatelang in der Nähe der Häuser der Aufseher und Herren. Ein Sklave namens Isom lief vor Thomas Clarkson weg, dem Sohn seines Herrn, der Aufseher war. Mr. Clarkson war, wie er sagte, zufrieden, dass der ungewohnte Ausreißer, den er im Wald vermutete, nicht lange von zu Hause wegbleiben konnte. Als er jedoch feststellte, dass er länger blieb als erwartet, heuerte Mr. Clarkson einen Sklavenjäger mit seinen Hunden an, um ihn zu jagen.

Der Jäger kam früh zur Plantage und frühstückte mit Mr. Clarkson an dem Tag, an dem sie begannen, nach dem entlaufenen Sklaven zu suchen. Während sie beim Frühstück saßen, sagte Mr. Clarkson zu dem Jäger: „Mein Vater hat diesen Jungen als Hausangestellten aufgezogen und ihn so verhätschelt, dass man alles Salz des Landes braucht, um ihn zu heilen. Mein Vater war zu religiös, um seine Neger auf dem rechten Weg zu halten; aber ich glaube nicht daran. Ich finde, ein Neger sollte von Zeit zu Zeit überholt werden, um ihn an seinem Platz zu halten, und das ist genau der Grund, warum ich die Aufsicht über diese Plantage übernommen habe."

Der Jäger. „Also, was hat Ihren Jungen dazu gebracht wegzulaufen, Mr. Clarkson?"

Mr. Clarkson. „Nun, er ist weggelaufen, weil ich ihn überholt habe, um ihn an die Stelle eines Negers zu setzen ."

Mr. Clarksons Frau. „Nun, Thomas, ich habe dir neulich, bevor du es getan hast, gesagt, dass ich es nicht für nötig halte, Isom zu verprügeln , weil ich dachte, er sei ein guter Junge."

Mr. Clarkson. „Ja, meine Liebe, wenn es in South Carolina viel mehr Presbyterianer wie Sie und Pater Boston (er meinte den alten Mr. Clarkson) gäbe, gäbe es in Kürze keine Sklaven mehr im Staat. Wer müsste dann für Sie arbeiten?"

Ich möchte meinen Lesern eine Tatsache mitteilen. Zwar gab es Ausnahmen, aber im Großen und Ganzen waren die Presbyterianer unter den Sklavenhaltern im Süden bessere Herren als jede andere Konfession.

Mrs. Clarkson. „Ja, Thomas, wenn Sie ein solcher Presbyterianer wären, wie Sie es Pater Boston und mir vorwerfen, hätten Sie sich die Mühe und das Geld sparen können, die es kosten wird, ihn zu jagen."

Mr. Clarkson. „Gut, wir wollen die Religionsfrage nicht weiter diskutieren." (Zum Jäger.) „Der Junge ist jetzt seit einigen Tagen weg, seit ich ihn ausgepeitscht habe. Ich dachte, er wäre schon lange vorher nach Hause zurückgekehrt, da er zum ersten Mal weggelaufen ist. Aber ich schließe eher daraus, dass er mit einigen erfahrenen Ausreißern zusammengekommen ist. Glauben Sie nun, dass Sie ihn einfangen können, ohne dass er verletzt oder von Ihren Hunden zerrissen wird?"

Mrs. Clarkson: „Ich fürchte, das ist genau das, was dem Jungen angetan wird."

Der Jäger. „ Oh , keine Angst, Madam, ich werde bei der Jagd auf ihn vorsichtig sein. Ich habe nur einen Hund, der gefährlich ist, weil er entlaufene Neger aufreißt ; ich werde ihn hier anketten, bis ich Ihren Jungen gefangen habe."

Der Jäger blies in sein Horn, woraufhin er seine Hunde zusammenrief und den Hund, von dem er sprach, ankettete. Dann begannen er und Mr. Clarkson die Jagd nach dem entlaufenen Sklaven, der sich im Haus versteckt gehalten hatte und jedes Wort gehört hatte, das sie über ihn gesagt hatten.

Nachdem der Jäger und Mr. Clarkson gegangen waren, ging Mrs. Clarkson in ihr Zimmer (die südlichen Mätressen wussten im Allgemeinen kaum, was nach den Mahlzeiten in ihren Esszimmern und Küchen vor sich ging) und Isom , der entlaufene Sklave, setzte sich an denselben Tisch und aß sein Frühstück.

Nachdem Mr. Clarkson zwei oder drei Tage lang vergeblich im Wald nach dem entlaufenen Sklaven gesucht hatte, bat er einige der anderen Neger auf der Plantage, ihm zu sagen, wenn sie ihn sähen, er würde ihn nicht auspeitschen, wenn er nach Hause käme. Natürlich wurden sie im Allgemeinen ausgepeitscht, wenn sie im Wald blieben, bis sie gefangen wurden, aber nicht, wenn sie selbst nach Hause kamen. Eines Morgens, nachdem der Aufseher und der Jäger mehrere Tage lang vergeblich im Wald nach dem entlaufenen Sklaven gesucht hatten, kam Isom beim Frühstück an die Tür. Sobald Mr. Clarkson erfuhr, dass der entlaufene Sklave vor der Tür stand, stand er von seinem Frühstück auf und ging hinaus.

„Nun, Isom ", sagte Mr. Clarkson. „Nun, Massa Thomas", sagte Isom . „Wo waren Sie?", sagte Mr. Clarkson. „Ich war im Wald, Sir", antwortete Isom . Natürlich wäre es nicht gut gewesen, wenn er Mr. Clarkson erzählt hätte, dass er sich im Haus versteckte und verköstigt wurde, denn das hätte die Lage für die anderen Neger, die Hausangestellte waren, und zu denen er einen Bruder und eine Schwester hatte, verschlechtert .

Mr. Clarkson. „ Isom , sind Sie mit anderen Ausreißern zusammengekommen?" „Ja, Sir", sagte Isom . Natürlich stimmte Isoms Antwort mit Mr. Clarksons Annahme überein, dass er mit einem erfahrenen Ausreißer im Wald zusammengekommen war. „Wie viele waren bei Ihnen?", fragte Mr. Clarkson. „Zwei", antwortete Isom . „Wie heißen sie und wem gehören sie?", fragte Mr. Clarkson. „Ich weiß nicht, Sir", sagte Isom . „Haben Sie nicht nach ihren Namen gefragt?", sagte Mr. Clarkson. „Nein, Sir", sagte Isom . „Können Sie sie beschreiben?", fragte Mr. Clarkson. „Einer ist groß, wie Sie, und der andere war klein, wie der Mann, der mich jagte", sagte Isom . „Wo haben Sie den Jäger gesehen?", fragte Mr. Clarkson. „Im Wald, Sir", sagte Isom . „ Isom , möchten Sie etwas essen?", fragte Mr. Clarkson. „Ja, Sir", sagte Isom . Er schickte ihn in die Küche und sagte dem Koch, er solle ihm etwas zu essen geben.

Mrs. Clarkson hielt große Stücke auf Isom , und so ging sie, während er in der Küche aß, hinein und unterhielt sich lange mit ihm darüber, wie es ihm, wie sie annahmen, seit seiner Abwesenheit ergangen war.

Wie ich bereits sagte, wurden entlaufene Sklaven im Allgemeinen nicht ausgepeitscht, wenn sie selbst nach Hause kamen, sondern sie wurden entweder mit Handschellen gefesselt oder in den Block gesteckt und zwei oder drei Tage lang eingesperrt.

Während Isom aß und mit Mrs. Clarkson sprach, erschien Mr. Clarkson mit einer Pistole in der einen und Handschellen in der anderen Hand an der Küchentür. Mrs. Clarkson sagte: „Was willst du tun, Thomas?" „Ich will Isom, sobald er mit dem Essen fertig ist", sagte Mr. Clarkson. „Du wirst ihn doch nicht einsperren, oder, Thomas?", sagte Mrs. Clarkson. Mrs. Clarkson hieß Henrietta, aber ihr Kosename war Henie. Mr. Clarkson sagte: „Henie, ich werde Isom nichts tun ."

Isom , der ein glattes, schwarzes, rundes Gesicht, volle Augen und weiße Zähne hatte, war ein sehr schöner Neger . Als er die Pistole und die Handschellen in Mr. Clarksons Händen sah, riss er seine großen Augen so weit auf, dass man das Weiß darin sehen konnte, das wie große Laken aussah.

Mrs. Clarkson sagte: „Thomas, bitte sperr Isom nicht ein ; er wird nicht wieder weglaufen. Das wirst du doch nicht, oder Isom ?" „Nein, Mama Massie Henie, das werde ich nicht", sagte Isom . „Ja, Henie", sagte Mr. Clarkson, „das sagt er, aber wird er es nicht tun?" „Thomas", sagte Mrs. Clarkson, „ich übernehme die Verantwortung, wenn du tust, was ich von dir verlange; ich werde Isom im Haus behalten und dir versichern, dass er nicht weglaufen wird."

Mr. Clarkson wollte Isom unbedingt einsperren, aber er wusste, wie willensstark seine Frau war und wie schwer es sein würde, sie zu bestrafen, wenn sie Unrecht hatte. Daher kam er ihrer Bitte nach. So arbeitete Isom lange Zeit im Haus. Der Jäger sollte sich ein paar Tage ausruhen und dann seine Arbeit wieder aufnehmen, aber Mr. Clarkson schrieb ihm, dass seine Dienste nicht mehr benötigt würden, da der entlaufene Sklave, den er jagen sollte, selbst zurückgekehrt sei. Ich habe nie erfahren, ob der Jäger für seine Arbeit bezahlt wurde.

MR. BLACK, DER SKLAVENJÄGER.

In Richland County, South Carolina, lebte ein weißer Mann namens Mr. Black, der seinen Lebensunterhalt mit der Jagd auf entlaufene Sklaven verdiente. Ich kannte ihn so gut wie einen meiner schwarzen Landsleute auf Col. Singletons Plantage. Er hatte eine dunkle Hautfarbe, war kleinwüchsig, hager gebaut und hatte langes, pechschwarzes, grobes Haar. Manche würden ihn als einen guten Mann bezeichnen, aber er war das genaue Gegenteil; er war einer der herzlosesten Menschen, die ich je gesehen habe.

Mr. Black war ein sehr erfolgreicher Jäger, obwohl manchmal alle seine Bluthunde von entlaufenen Sklaven getötet wurden und er nur knapp mit dem Leben davonkam. Er ritt bei der Jagd eine kleine braune Stute, das einzige Pferd, das er besaß. Sie war ein dünnes, grobknochiges Geschöpf und sah aus, als könne sie kaum laufen, aber sie verstand das Geschäft ungefähr so gut wie ihr Herr und trug ihn in den oben beschriebenen Schwierigkeiten ziemlich schnell aus der Gefahrenzone. Mr. Black fing mehrere entlaufene Sklaven, die Col. Singleton gehörten.

Ich habe erlebt, wie er entlaufene Sklaven aus dem Wald jagte, mitten durch die Plantage des Obersten, durch eine Menge anderer Neger , und seine Hunde verwechselten nie einen aus der Menge mit dem, den sie suchten. Wenn diese Jagdhunde die Entlaufenen auf diese Weise durch Farmen jagten, wurden viele von ihnen getötet und von einigen aus der Menge der Neger, durch die sie kamen, in den Baumwoll- oder Maisfeldern begraben. Im Allgemeinen hassten die Sklaven Bluthunde und töteten sie, wann immer sie die Gelegenheit dazu hatten, besonders aber bei den oben genannten Gelegenheiten, um zu verhindern, dass sie Entlaufene fangen konnten.

Einmal liefen acht Sklaven von Col. Singletons Plantage weg, und Mr. Black wurde mit 25 Jagdhunden angeheuert, um sie zu jagen. Die Hunde nahmen die Spur der Ausreißer am späten Nachmittag auf und jagten sie die ganze Nacht hindurch, wobei sie sich in alle Richtungen zerstreuten. Am nächsten Morgen wurden drei der Ausreißer durch eine Menge ihrer schwarzen Kameraden gejagt , die auf dem Baumwollfeld arbeiteten. Während sie die

Ausreißer jagten, töteten einige aus der Menge sechs der Hunde, darunter die beiden Leithunde, und begruben sie in den Baumwollbetten oder -reihen, wie wir sie nannten.

Obwohl Mr. Black, der Jäger, eine Meile oder mehr entfernt war, wusste er, dass etwas passiert war, weil die anderen Hunde unregelmäßig bellten und er das Geschrei der beiden Leithunde nicht hörte. Also blies er in sein Horn, rief den Rest seiner Hunde und gab die Jagd auf, bis er seine Leithunde durch andere ersetzt hatte, die er zu Hause immer zur Hand hatte.

Sklavenjäger hatten im Allgemeinen einen oder zwei in der Meute der Jagdhunde, die sogenannten Anhänger oder Anführer, denen die anderen, fünfzig oder mehr, folgen sollten. Wenn den Anführern während der Jagd also etwas zustieß, wurden die übrigen verwirrt und konnten dem Ausreißer nicht folgen. Aber wenn die Anführer nach der Gefangennahme der Ausreißer verletzt oder getötet wurden, umringten und bewachten die übrigen sie, bis der Jäger sie erreichte, da er immer eine Meile oder mehr hinter ihnen blieb.

Nachdem die Leithunde ausgetauscht worden waren, nahm Mr. Black die Verfolgung wieder auf und konnte einige der Ausreißer einfangen, der Rest kam jedoch von selbst nach Hause.

Der letzte entlaufene Sklave, den Mr. Black jagen sollte, gehörte Col. MR Singleton und hieß Dick, aber statt Dick fing er einen Sklaven, der einem Mann in Sumterville gehörte. County , der sieben Jahre im Wald verbracht hatte. Dieser entlaufene Sklave hatte zu Hause einen anderen Namen, aber im Wald hatte er den Namen Champion angenommen, weil er es bis dahin geschafft hatte, Sklavenjäger davon abzuhalten, ihn zu fangen.

Mr. Black, der Jäger, jagte Dick und Champion zwei Tage und Nächte; am Morgen vor der Gefangennahme des letzteren schwammen sie über das Wasser - ree Fluss . Nachdem sie hinüber waren, wurden sie getrennt; die Hunde folgten Champion und jagten ihn an diesem Morgen gegen elf Uhr ein. Champion hatte ein Gewehr und eine Pistole; als der erste Hund herbeirannte und sein Maul öffnete, um ihn festzuhalten, entlud er den Inhalt der Pistole in seinem Maul und tötete ihn sofort. Die übrigen Hunde konnten ihn nicht festhalten, sondern umringten ihn und hielten ihn in Schach, bis der Jäger die Stelle erreichte.

Als Mr. Black in Schussweite heranritt, zielte Champion mit einem geladenen doppelläufigen Gewehr auf ihn, aber die Zündhütchen beider Läufe brachen, weil sie beim Rennen durch die Büsche nass geworden waren. Mr. Black hatte ebenfalls ein Gewehr und eine Pistole; er versuchte, den Neger zu erschießen , aber William Turner, Col. Singletons Aufseher, der Mr. Black angeheuert hatte, um Dick zu jagen, den Ausreißer von der Plantage des Colonels, ließ ihn das nicht tun. Dann versuchte Mr. Black, Champion mit dem Verschluss seines Gewehrs zu treffen, aber Champion trat ihn nieder, und als er sein Messer zog, um Mr. Black zu erstechen, schlug ihm Mr. Turner, der Aufseher, mit dem Griff einer geladenen Peitsche auf den Hinterkopf. Dies betäubte ihn für einige Momente, und als er wieder zu Sinnen kam, hatten sie ihm Handschellen angelegt.

Nachdem der Neger mit Handschellen gefesselt worden war, wollte Mr. Black ihn beschimpfen, weil er den Hund getötet hatte, und versuchte, ihn zu erschießen, aber Mr. Turner, der Aufseher, ließ ihn nicht. Champion wurde auf die Plantage von Col. Singleton gebracht, in den Kerker unter dem Haus des Aufsehers gesperrt und sein Herr wurde über seine Gefangennahme informiert. Er war ein Mulattenneger, und sein Herr, der sein Vater war, ließ ihn auf Col. Singletons Plantage holen. Ich habe jedoch nie erfahren, ob Mr. Black, der Jäger, jemals für seine Gefangennahme bezahlt wurde. Dick, der entlaufene Neger von Col. Singletons Anwesen, kam einige Zeit nach der Gefangennahme seines Gefährten Champion selbst nach Hause.

Mr. Black, der Sklavenjäger, war sehr arm und hatte eine große Familie. Er hatte eine Frau mit acht oder zehn hilflosen Kindern, die ich ebenso gut kannte wie meine schwarzen Kameraden auf der Plantage des Colonels. Aber so grausam Mr. Black auch gegenüber entlaufenen Sklaven war, seine Familie wurde fast ausschließlich von Negern ernährt . Ich weiß von einigen Fällen, in denen sie ihre Herren bestahlen, um dieser Familie zu helfen. Die Neger waren so freundlich zu Mr. Blacks Familie, dass sich seine Frau wegen seiner Grausamkeit gegenüber entlaufenen Sklaven gegen ihn wandte.

Ich habe berichtet, dass manche Herren und Aufseher die Jäger unter der Bedingung anheuerten, dass sie die entlaufenen Sklaven einfingen und ihnen unversehrt und unversehrt von ihren Hunden zurückgaben. Andere wiederum sagten in einem Anfall von Wut zu ihnen: „Ich möchte, dass Sie meinen entlaufenen Nigger nach Hause bringen, tot oder lebendig.“

Alle Sklavenjäger behandelten entlaufene Sklaven grausam, insbesondere jene, deren Herren den Jägern sagten: „Bringt sie tot oder lebendig.“ Aber unter allen Sklavenjägern in dem Teil von South Carolina, wo der Autor dieses Werks lebte, war Mr. Black der grausamste .

Gerüchten zufolge wurden viele der entlaufenen Sklaven, von denen man nie wieder etwas hörte, von Mr. Black in den Wäldern gefangen und getötet, doch konnten keine besonderen Hinweise darauf gefunden werden. Schließlich wurde Mr. Black beauftragt, einen entlaufenen Sklaven in Barnwell County, South Carolina, einzufangen. Dieser Sklave war mit einem anderen Sklaven zusammen, der bei seinem Herrn hoch geschätzt, aber vom Aufseher gehasst wurde. Bei der Jagd trennten sich die beiden Entlaufenen, und die Hunde folgten dem zweiten statt dem, den Mr. Black jagen sollte. Mr. Black hatte einen anderen Jäger namens Motley bei sich. Der Neger tötete mehrere der Hunde und lieferte den Herren Black und Motley einen harten Kampf. Nachdem der Neger gefangen worden war, töteten sie ihn, zerstückelten ihn und gaben seine Überreste den lebenden Hunden.

Der Gefährte des ermordeten Sklaven wurde nicht gefasst. Als er einige Tage nach der Jagd etwas aufgeregt im Wald umherirrte, kam er an eine Stelle, wo Büsche und Blätter in Aufruhr zu sein schienen, als hätten sich zwei Parteien geprügelt. Als er sich an dieser unordentlichen Stelle umsah, fand er hier und da zerfetzte Kleidungsstücke, die genau wie der Anzug seines Gefährten aussahen, der damals durch die Hände der Jäger einen grausamen Tod erlitten hatte. Bei näherer Betrachtung sah er hier und da Blutflecken auf den Blättern, die seinen Verdacht weckten; als er ein Stück von dieser Stelle wegschaute, sah er einige Blätter, die aussahen, als wären sie von Hand bewegt und dort abgelegt worden, und als er die Blätter entfernte, stellte er fest, dass die Erde frisch umgegraben und wieder aufgefüllt worden war. Als er an der Stelle grub, entdeckte er bald Teile der Person eines Toten, den er nicht identifizieren konnte, aber er war überzeugt, dass es sich um die Überreste seines Gefährten handelte, von dem er sich einige Tage zuvor hatte trennen müssen. Dieser Anblick erschreckte den entlaufenen Neger so sehr, dass er den Wald verließ, nach Hause zu seinem Herrn ging und die Geschichte erzählte; aber da man in den Tagen der Sklaverei das Wort eines Negers nicht gegen das eines Weißen nehmen durfte, wurde seinen Worten keine besondere Beachtung geschenkt. Dennoch beobachteten einige der Weißen heimlich Mr. Black, den Sklavenjäger, da er zuvor verdächtigt worden war, entlaufene Sklaven im Wald zu töten.

Der Herr des ermordeten Negers wusste noch immer nichts von dessen Tod; er hoffte, dass sein Sklave zurückkehren würde. Als er jedoch feststellte, dass sein Sklave nicht wie erwartet zurückkehrte, wurde der Herr unruhig und bot jedem eine Belohnung an, der einen Hinweis auf seinen Neger geben konnte . In der Zwischenzeit entließ er den Aufseher, der die Ursache für die Flucht seines Sklaven gewesen war; und er behielt auch das Gehalt des Aufsehers von vierhundert Dollar ein, das war der Jahreslohn für die Beaufsichtigung seiner Plantage.

Mr. Blacks Haus lag in Richland County , und da er der letzte war, der vor dem Mord entlaufene Sklaven in Barnwell County gejagt hatte, fiel der Verdacht auf ihn. Trotzdem sagte niemand etwas zu ihm, aber er wurde sehr genau von Männern seines eigenen Countys beobachtet, deren Interesse nicht an der Abscheulichkeit des begangenen Verbrechens lag, sondern an der Belohnung, die der Herr jedem anbot, der Informationen über seinen entlaufenen Sklaven geben konnte.

Einige Zeit nach dem Vorfall freundete sich ein anderer Weißer aus Richland County mit Mr. Black, dem Sklavenjäger, an. Diese scheinbare Freundschaft veranlasste Mr. Black bald dazu, das Geheimnis zu verraten, was ihm schnell den Prozess einbrachte. Während er und sein angeblicher Freund mitten in der Heiterkeit einen Saufgelage machten, ging es natürlich darum, wie man die Neger unter Kontrolle halten könne, da dies in den Tagen der Sklaverei das Hauptthema der armen weißen Männer im Süden war.

Im Gespräch sprach dieser Freund von mehreren Plänen, die, wenn sie richtig ausgeführt würden, "einen Nigger in seine Schranken weisen würden". Nachdem der Freund Mr. Black, dem Sklavenjäger, so viel erzählt hatte, hatte dieser das Gefühl, er könne sein Geheimnis verraten, ohne sich selbst in Gefahr zu bringen, und antwortete: "Die Art, einem Nigger, der einem Weißen Widerstand leisten würde, seinen Platz zu zeigen, besteht darin, ihn zu den Vermissten zu bringen. Vor nicht allzu langer Zeit ging ich nach Barnwell County , um einen entlaufenen Nigger zu jagen, und meine Hunde kamen auf die Spur eines anderen statt desjenigen, den ich fangen wollte. Nach einer ziemlich langen Jagd rannten meine Hunde ihn nieder, und bevor ich ihn erreichte, tötete er mehrere von ihnen und lieferte mir einen harten Kampf, als ich ihn erreichte. Motley und ich waren zusammen; ich schoss ihn nieder, und Motley und ich zerstückelten ihn und gaben die Stücke dem Rest meiner Hunde; so weise ich einen Nigger in seine Schranken."

Nachdem das Geheimnis gelüftet worden war, entschuldigte sich Mr. Blacks Freund und dieser sah ihn nicht mehr, bis er als Zeuge gegen ihn aussagte. Der Begleiter des ermordeten Negers wurde aufgefordert, die Ermittlungsgruppe, einschließlich des Mörders, zu der Stelle zu bringen, wo sein Begleiter begraben worden war.

Mr. Black wurde vor Gericht gestellt und für schuldig befunden. Nach der Urteilsverkündung gestand er die Begehung des Verbrechens und sagte auch, dass er zuvor in seinem eigenen County mehrere entlaufene Neger getötet hatte. So wurden Mr. Black und sein Gefährte Motley beide in Barnwell County , South Carolina , gehängt . Das System der Sklaverei überlebte Mr. Black, den Sklavenjäger, nur sechs Jahre.

MANNING BROWN UND TANTE BETTY.

Ein Mann namens Manning Brown wurde von einer alten farbigen Frau gepflegt, die er Mama Betty nannte. Sie war von Natur aus gutmütig und eine fromme Christin, und Mr. Brown übernahm viele ihrer guten Eigenschaften, als er unter ihrer völligen Kontrolle stand. Zu dieser Zeit galt er als ein Junge mit sehr feinem Gespür und viel versprechend. Als er jedoch zum Mann heranwuchs, geriet Mr. Brown in eine Klasse anderer weißer Männer, die in den Tagen der Sklaverei ihren Gewohnheiten ungezügelt nachgingen. Mit dieser Klasse von Männern begann er zu trinken, und Schritt für Schritt wurde er in diesem schnellen Tempo bald ein eingefleischter Trinker. Diese Gewohnheit überlagerte den guten Einfluss, den er durch die farbige Frau gewonnen hatte , so sehr, dass sie ihn nicht nur für seine Feinde, sondern auch für seine Freunde gefährlich machte .

Manning Brown wurde von den meisten anderen Weißen in Richland County , South Carolina, gefürchtet, und seltsamerweise verlor er nie den Respekt, den er als Junge vor den Farbigen hatte, obwohl er für die Weißen gefährlich war. Als Erwachsener aß, trank und schlief er unter Farbigen, und oft, wenn andere Weiße, die sogenannten Patrouillen, Farbige ohne Strafzettel von zu Hause erwischten und sie auspeitschen wollten, ritt Mr. Brown herbei und sagte: „Dem ersten Mann, der die Peitsche nach einem dieser Neger erhebt, blase ich das Gehirn raus." Obwohl Mr. Brown wusste, dass er einen Menschen genauso schnell erschießen würde wie einen Vogel, selbst wenn zehn Patrouillen zusammen wären, versuchten sie bei solchen Drohungen nie, die Neger auszupeitschen .

Mr. Brown besaß eine Plantage mit vierzig Sklaven. Seine gute Behandlung ermöglichte es ihm, mehr Arbeit aus ihnen herauszuholen, als die meisten Besitzer aus ihren Sklaven herausholten. Seine Sklaven hielten so viel von ihrem „Massa Manning", wie sie ihn nannten, dass sie alles taten, was in ihrer Macht stand, um ihm zu gefallen. Aber während er so gut zu den Farbigen war, war er für viele Weiße gefährlich und wurde von ihnen gefürchtet.

Ein Mann namens Peter Gafney duellierte sich mit seinem Schwager, der Dr. Kay hieß. Der erste, ein ziemlich guter Schütze, wurde von dem zweiten getötet, der als sehr schlecht galt. Viele, die für Herrn Gafney waren , glaubten deshalb, dass der Kandidat Dr. Ray ein Verbrechen begangen hatte. Herr Brown, der bei dem Kampf als Sekundant für Herrn Gafney fungierte , empfand den Verlust seines alten Freundes sehr tief. Kurz darauf forderte er Dr. Ray heraus und sagte: „Entweder Sie treffen sich zu einer bestimmten Zeit mit mir an der Stelle, an der Sie PT Gafney getötet haben , zu einem Duell, oder ich erschieße Sie auf den ersten Blick, wo auch immer ich Sie treffe. Ihr Herr Brown."

Doch Dr. Ray weigerte sich angesichts der Drohung, die Herausforderung anzunehmen. Da die Menschen in diesem County Mr. Browns Gemütsart kannten, waren sie außer sich vor Aufregung, denn der Doktor konnte jederzeit getötet werden, während er auf der Straße ritt. Aus Angst, Mr. Brown zu begegnen, hörte der Doktor auf, die meisten seiner kranken Patienten zu besuchen, und beschränkte sich fast ausschließlich auf seine große Plantage. Gleichzeitig wurde Mr. Brown von seinen Freunden streng bewacht, damit er dem Doktor nicht auflauerte.

Kurz nach dieser Drohung begann Mr. Brown, stärker zu trinken als je zuvor, so dass er zeitweise seine eigene Familie nicht mehr wiedererkannte. Doch Gottes Vorsehung führte Mr. Brown langsam durch unbekannte Pfade zu einer plötzlichen Veränderung seines Lebens, wie wir bald sehen werden.

Mr. Browns Familie bestand aus einer Frau, einem Kind und Tante Betty, der alten farbigen Frau, die ihn aufgezogen hatte. Sie war die einzige Mutter, die er kannte, denn seine eigene Mutter war gestorben, als er noch ein Kleinkind war, und ihr letzter Wunsch war gewesen, dass Mama Betty, die alte Frau, diesen Jungen aufziehen sollte, der ein Einzelkind war; und als Mr. Brown heiratete, nahm er Tante Betty in seine Familie auf und sagte ihr, sie müsse keine Arbeit tun, sondern nur das, was sie tun wolle, und er würde sich für den Rest ihres Lebens um sie kümmern. Und Mrs. Brown betrachtete Tante Betty eher als Schwiegermutter denn als Negerin . Manchmal, wenn Mr. Brown nicht auf seine Frau hörte, hörte er auf seine Mama Betty, wenn er nüchtern genug war, um sie zu kennen. Eines Nachmittags, als Mr. Brown einen dieser Trunkenheitsanfälle hatte, ging er in sein Schlafzimmer, legte sich quer übers Bett und redete mit sich selbst. Seine Frau ging hinein, um mit ihm zu sprechen, aber als sie eintrat, sprang er auf, holte seine geladene doppelläufige Waffe und drohte, sie zu erschießen. Erschrocken rannte sie aus dem Zimmer und schrie: „Oh mein Gott, Mama Betty, bitte geh hinein und sprich mit deinem Massa Manning, denn er hat gedroht, mich zu erschießen." Mit dem altbekannten Vertrauen einer Person, die oft auf ihren Rat gehört hatte, ging Tante Betty ins Haus und in das Zimmer, wo sie Mr. Brown quer über dem Bett liegend vorfand, mit der Waffe neben sich. Als sie das Zimmer betrat und auf das Bett zuging, sagte sie: „Massa Manning, was ist los mit dir? Du böser Junge, was ist los?" Als sie diese Worte sagte, bevor sie das Bett erreicht hatte, stand Mr. Brown mit der Waffe in der Hand auf und feuerte den Inhalt beider Läufe auf die alte Frau ab; sie fiel sofort zu Boden. Mr. Brown lag wie zuvor quer über dem Bett, mit der Waffe neben sich, redete mit sich selbst und schlief bald ein. Mrs. Brown fiel vor Aufregung mehrmals in Ohnmacht.

Tante Betty lebte etwa eine Stunde. Kurz nachdem sie angeschossen worden war, wollte sie Mr. Brown sehen, aber als man ihr sagte, dass sie das nicht könne, sagte sie: „O mein Herr, ich wollte mein Kind sehen, bevor ich sterbe, und ich weiß, dass er auch seine Mama Betty sehen möchte, bevor sie ihn verlässt." Während ihrer Lebenszeit betete sie für Mr. Brown und bat ihn, seinen Lebensweg zu ändern, Christ zu werden und sie im Himmel zu treffen. Nachdem sie eines ihrer bekannten Kirchenlieder gesungen hatte, sagte Tante Betty zu jemandem , der an ihrem Bett stand: „Ich möchte, dass Sie Massa Manning sagen, dass er sich nicht schlecht fühlen darf wegen dem, was er mir angetan hat, denn ich weiß, dass er mir nicht mehr wehtun würde, wenn er bei klarem Verstand wäre, als er es selbst tun würde. Sagen Sie ihm, dass ich zum Herrn für ihn gebetet habe, dass er ein guter Junge sein möge, und dass er mir verspricht, dass er Christ wird und mich im Himmel trifft." Mit diesen Worten war Tante Betty sprachlos und starb wenige Augenblicke später. Der Arzt wurde gerufen, musste jedoch von so weit her kommen, dass sie starb, bevor er dort ankam.

Als Mr. Brown nachts aus seinem betrunkenen Zustand erwachte und die traurige Nachricht vom Tod von Tante Betty erfuhr, für den er verantwortlich war, faltete er die Hände und rief: „Was? Ist es möglich, dass meine Mama Betty, die einzige Mutter, die ich je kannte, von meinen Händen getötet wurde?" Er rannte in das Zimmer, in dem die Leiche lag, nahm die Überreste der alten Negerin in die Arme und rief: „Mama Betty, Mama Betty, bitte sprich mit mir wie früher." Aber diese Stimme verstummte im Tod.

Der Arzt, der Aufseher und andere versuchten, ihn zu beruhigen, aber es gelang ihnen nicht. In dieser Nacht nahm Mr. Brown den Zug nach Columbia, der Hauptstadt von South Carolina, und stellte sich am nächsten Tag der Justiz. Man sagte ihm, es sei alles in Ordnung; die alte Negerin sei seine Sklavin. Aber Mr. Brown war unzufrieden; er kehrte nach Hause zurück und lud alle weißen Nachbarn und Sklaven zu Tante Bettys Beerdigung ein, an der er und seine Familie teilnahmen. Nachdem die Aufregung vorüber war, wurde Mr. Brown die Nachricht von Tante Betty überbracht; ihm wurde gesagt, ihr letzter Wunsch sei gewesen, dass er sie im Himmel treffen würde. Er antwortete: „Das werde ich." Mr. Brown schwor auf der Stelle, dass er keine starken Getränke mehr trinken würde. Dann entsorgte er seine Sklaven, aber wie, erfuhr ich nicht. Bald darauf bekehrte er sich und wurde einer der fähigsten Prediger in Richland County , SC. Mr. Browns Bekehrung befreite Dr. Ray von seiner Bedrohung. Der Arzt war darüber so froh, dass er einen ziemlich großen Betrag zu Mr. Browns Gehalt für seine Predigttätigkeit beisteuerte.

KAPITEL III.
MEINE ERFAHRUNGEN IM BÜRGERKRIEG.

Mein Wissen über den Bürgerkrieg reicht von der Zeit, als im April 1861 der erste Kanonenschuss auf Fort Sumter abgefeuert wurde, bis zum Kriegsende.

Obwohl die Sklaven nicht als Soldaten in den Dienst der Konföderierten gepresst wurden, wurden sie dennoch in allen Sklavenhalterstaaten an Kriegsschauplätzen eingesetzt, und zwar nicht nur zum Bau von Befestigungen, sondern auch zur Arbeit auf Kriegsschiffen.

In jedem Staat wurden zwischen 6.000 und 8.000 oder mehr Sklaven von verschiedenen Plantagen zusammengesammelt, zu einem Zentrum gebracht und von dort an die verschiedenen Kriegsschauplätze im Staat geschickt.

Es ist unmöglich, die große Aufregung zu beschreiben, die unter den Konföderierten herrschte, als sie gemeinsam Truppen aufstellten, um den Streitkräften der Union entgegenzutreten. Sie verkündeten lautstark ihre Siegesgewissheit.

Viele der armen Weißen wurden durch das Versprechen ermutigt, jedem Mann, der im Dienste der Konföderierten dienen würde, nachdem die Konföderiertenregierung den Sieg errungen hatte, drei bis fünf Neger zu geben.

Andererseits drohte man den Negern mit einer Verschärfung des harten Jochs der Sklaverei. Diese Drohungen wurden mit bedeutungsvollen Worten ausgesprochen und unterstellten nachdrücklich, dass die Neger die direkte Ursache des Krieges seien.

WIE SKLAVEN GESAMMELT UND ZU KRIEGSSCHAUPLÄTZEN GEBRACHT WURDEN.

Kaum hatte der Krieg im Frühjahr 1861 begonnen, wurden die Sklaven von den verschiedenen Plantagen gesammelt und mit Güterwaggons oder Booten zu einem Zentrum transportiert, wo sie aufgeteilt und zur Arbeit an verschiedene Kriegsschauplätze geschickt wurden. Ich weiß nicht genau, wie viele Sklaven die Konföderiertenregierung von jedem Herrn für ihren Dienst verlangte, aber ich weiß, dass 15 der 465 Sklaven auf der Plantage meines Herrn, Col. ME Singleton, während des Krieges jedes Jahr zur Arbeit an Befestigungsanlagen geschickt wurden.

Der Krieg dauerte bereits zwei Jahre, bevor ich an die Reihe kam. Im Sommer 1863 wurde ich mit Tausenden anderer Neger , die aus den verschiedenen Teilen des Staates zusammengesammelt worden waren, nach Charleston in South Carolina verfrachtet, und die Gruppe, der ich zugeteilt worden war, wurde nach Sullivan's Island geschickt. Wir wurden von Charleston aus auf ein Boot gebracht und landeten in einem kleinen Dorf, das fast gegenüber von Fort Sumter auf dieser Insel liegt. Wir ließen Fort Moultrie, Fort Beauregard und mehrere kleine Batterien hinter uns und marschierten den weißen Sandstrand der Insel entlang, unterhalb von Fort Marshall, bis zum äußersten Punkt, wo eine kleine Wasserbucht Sullivan's von Long Island trennt, und wurden dort unter Captain Charles Haskell einquartiert.

Von diesem Punkt der Insel aus wandten wir uns nach Norden, mit Morris Island nordwestlich von uns, und blickten direkt nach Norden in den Kanal. Dort sahen wir eine Reihe Kanonenboote der Union, wie eine Herde schwarzer Schafe, die auf einer Grasfläche grasten; die Männer, die auf ihren Decks auf und ab gingen, sahen aus wie treue Hirten, die die Herde bewachten. Während wir Neger auf Sullivan's Island blieben, beobachteten wir jede Bewegung der Unionsflotte und freuten uns, dass sie Teil der Mittel waren, mit denen die Befreiung von viereinhalb Millionen Sklaven gemäß der im Januar zuvor erlassenen Emanzipationsproklamation erreicht werden sollte. Wir behielten sie so genau im Auge, dass einer von uns, egal ob bei Tag oder bei Nacht, sicher war, die Abfeuerung eines Schusses aus dem Kanonenboot zu sehen, bevor der Knall zu hören war. In diesem Sommer kam es an diesem Punkt in South Carolina zu keinem Gefecht zwischen der Unionsflotte und den Konföderierten. Die Kanonenboote der Union feuerten jedoch gelegentlich Schüsse über uns hinweg, sechs Meilen weit in die Stadt Charleston hinein. Sie feuerten auch einige Granaten in ein Marschgebiet zwischen Sullivan's Island und Mount Pleasant ab, ohne dass wir dabei Schaden erlitten.

WELCHE ARBEIT DIE NEGER AUF DER INSEL VERRICHTETEN.

Nachdem wir die Insel erreicht hatten, wurde unsere Gruppe aufgeteilt. Ein Teil wurde an einem Ende der Insel, rund um Fort Moultrie, einquartiert, und wir wurden am anderen Ende, in Fort Marshall, einquartiert. Unsere Arbeit bestand darin, Forts zu reparieren, Batterien zu bauen, Kanonen zu montieren und sie aufzustellen. Während die Männer mit dieser Arbeit beschäftigt waren, bedienten die Jungen in meinem Alter, nämlich dreizehn und einige ältere, Offiziere und trugen Wasser für die arbeitenden Männer und fungierten im Allgemeinen als Boten zwischen verschiedenen Punkten der Insel.

Verlobung auf Long Island.

Obwohl es während meines Aufenthalts auf Sullivan's Island keine Kämpfe gab, überquerten Soldaten der Konföderation nachts manchmal die Bucht von Sullivan's Island nach Long Island und lieferten sich Scharmützel mit Unionssoldaten, die das obere Ende der Insel betreten und dort ihr Lager aufgeschlagen hatten. Ob es diesen konföderierten Spähern jemals gelang, die Unionstruppen auf der Insel in die Flucht zu schlagen oder nicht, habe ich nie erfahren, aber ich weiß, dass sie mehrmals mit erheblichen Verlusten zurückgeschlagen wurden.

Neger fliehen.

Die Konföderierten erfuhren, dass sich Unionssoldaten auf Long Island befanden, weil die Gruppe von Negern, die uns auf Sullivan's Island vorausgegangen war, herausgefunden hatte, dass Unionssoldaten am oberen Ende von Long Island kampierten. Eines Nachts entkamen also ziemlich viele von ihnen, indem sie über die Bucht schwammen, die Sullivan's Island und Long Island trennt, und es gelang ihnen, die Unionslinie zu erreichen.

Am nächsten Tag stellte sich heraus, dass sie die Bucht durchschwammt hatten, und in der darauffolgenden Nacht wurden sie von einer Reihe konföderierter Kundschafter verfolgt, die in einem Flachboot überquerten. Statt die Neger gefangen zu nehmen , die sonst einen grausamen Tod erlitten hätten, wurden die konföderierten Kundschafter von Soldaten der Unionslinie empfangen und nach einem hitzigen Gefecht wie üblich zurückgeschlagen.

Bau einer Batterie auf Long Island.

Schließlich brachten die Konföderierten einen großen Teil der Gruppe, zu der ich gehörte, von Sullivan's an die Südküste von Long Island und bauten dort eine Batterie auf, auf der sie mehrere kleine Feldgeschütze montierten. Da sie Angst hatten, tagsüber entdeckt zu werden, mussten wir nachts an der Batterie arbeiten und wurden morgens zu Sullivan's zurückgebracht, bis die Arbeit abgeschlossen war.

Beim Bau der Batterie wurden wir von konföderierten Soldaten bewacht, denn ohne Wache hätte jeder von uns leicht die Unionslinie am nördlichen Ende von Long Island erreichen können. Sullivan's Island war etwa fünf Meilen lang.

Ein schwarzer Diener wurde ermordet.

Eine der herzlosesten Taten, die während meiner Zeit auf Sullivan's Island begangen wurden, war die Ermordung eines schwarzen Jungen durch seinen Herrn, einen konföderierten Offizier, dessen Leibdiener der Junge gewesen war. Welchen Rang dieser Offizier hatte, weiß ich nicht, aber ich glaube, er war Major und stammte aus dem Staat Georgia. Es war üblich, dass Männer aus dem Süden Dolche trugen, besonders während des Krieges. Dieser Offizier hatte einen, und da ihm der Junge missfiel, zog er das Messer und stach ihm tödlich zwischen Schlüsselbein und linker Schulter zu. Als das Opfer dem brutalen Herrn zu Füßen fiel, erwarteten wir Neger , die Zeugen der teuflischen und feigen Tat an einem hilflosen Angehörigen unserer Rasse geworden waren, ein sofortiges Eingreifen der Justiz in irgendeiner Form. Aber wir warteten und suchten vergebens, denn die grausame Tat schien das Verhalten der Autoritäten nicht im Geringsten verändert zu haben, sondern sie behandelten es eher so kühl, als wäre nichts geschehen. Als wir feststellten, dass es den Konföderierten nicht gelang, dem Offizier Gerechtigkeit widerfahren zu lassen, warteten wir mit unseren vagen Vorstellungen von moralischer Gerechtigkeit und unserer tiefen Zuversicht, dass Gott irgendwie mehr für die unterdrückten Neger tun würde, als er es normalerweise für irgendein anderes Volk täte, eine kurze Zeit ängstlich auf ein Zeichen göttlicher Rache. Da wir jedoch feststellten, dass das von uns in der Hitze unserer Leidenschaft ersehnte Zeichen nicht kam, beschlossen wir schließlich, auf Gottes Weg und Zeit zu warten, um zu erfahren, wie und wann diese, wie jede andere falsche Tat, von seiner unfehlbaren Gerechtigkeit heimgesucht werden würde.

Aber abgesehen davon erging es uns auf diesen Festungen besser als zu Hause auf den Plantagen. Das galt zumindest für diejenigen von uns, die auf Sullivans Insel waren. Unsere Arbeit auf den Festungen war im Allgemeinen nicht schwer, wir hatten viel Freizeit, und obwohl wir wussten, dass unsere Arbeit im Dienst der Konföderierten gegen unsere Freiheit verstieß, waren wir doch erfreut, im Militärdienst zu sein.

Wir empfanden einen außerordentlichen Stolz darüber, dass wir, nachdem wir einige Zeit an diesen Kriegsschauplätzen verbracht hatten, ein Wissen erlangt hatten, das uns einen Vorsprung vor unseren Landsleuten auf den Plantagen verschaffte, während sie unseren Stolz noch steigerten, indem sie uns weitaus mehr Wissen zuschrieben, als wir selbst hätten erlangen können.

Unsere Tagesrationen aus der Kantine bestanden aus einem Liter Reis oder Schiffszwieback und einem halben Pfund gesalzenem Schweinefleisch oder Corned Beef.

Die Abwechslung von den Hütten und der Arbeit auf den alten Plantagen bereitete uns so viel Freude, dass wir traurig waren, als unser zweimonatiger Aufenthalt auf der Insel zu Ende ging.

Nach etwa zwei Monaten wurde ich zusammen mit dem Rest meiner schwarzen Kameraden aus dieser Gruppe wieder auf die Plantage zurückgeschickt, während andere unsere Plätze einnahmen.

MEINE ERFAHRUNGEN IN FORT SUMTER.

Im Sommer 1864, als ich vierzehn Jahre alt war, wurde erneut ein Aufruf zur Suche nach schwarzen Arbeitern für die Konföderiertenregierung gestartet, und fünfzehn Leute von unserer Plantage, mich eingeschlossen, wurden zusammen mit Tausenden von anderen Plantagen erneut nach Charleston geschickt.

Dort wurden die Neger in Gruppen aufgeteilt, die zu den verschiedenen Festungen geschickt wurden. Mein Los fiel unter die Gruppe von 360, die Fort Sumter zugewiesen wurden. Ich werde nie vergessen, mit welcher Sorgfalt sie uns in einem Dampfer vom Regierungskai in Charleston zum Kai auf John's Island bringen mussten, wegen des Netzwerks von Torpedominen im Hafen von Charleston.

Vom Kai auf Johns Insel brachten sie uns in Ruderbooten nach Fort Sumter, und da diese Boote nicht viele Leute tragen konnten, dauerte es die ganze Nacht, uns mit anderer Fracht nach Fort Sumter zu bringen.

Der Dampfer, der uns von Charleston zum Kai auf John's Island brachte, musste nachts fahren. Tatsächlich musste jede Bewegung der Konföderierten dort gegen Ende des Krieges nachts erfolgen, weil die Yankees auf den Kanonenbooten außerhalb des Kanals und die auf Morris Island so genau Wache hielten, dass es sehr gefährlich war, uns vom Kai auf John's Island nach Fort Sumter zu bringen, weil die Ruder, die nachts ins Salzwasser tauchten, Funken wie Feuer erzeugten, und so konnten die Yankees auf Morris Island uns sehen. Tatsächlich zeigten ihre Schüsse oft Wirkung.

Viele der Neger wurden getötet. Von den fünfzehn aus unserer Plantage wurde ein Junge in meinem Alter von einer Papageienschale getroffen, als er vom Boot ins Fort kletterte. Man erzählte uns von den Gefahren, die uns vor und nach unserer Ankunft an unserem Ziel erwarteten. Eine der entmutigendsten Dinge war der traurige Bericht über die Überlebenden derer, deren Plätze wir einnehmen sollten. Als die Ruderboote sie an Johns Inselkai verließen und wir an Bord gehen wollten, erzählten sie uns von der großen Gefahr, der wir ausgesetzt sein würden – von der Möglichkeit, dass einige von uns getötet würden, bevor wir das Fort erreichten, was sich als wahr erwies, und davon, wie schnell ihre Kameraden in Fort Sumter getötet wurden. Es hieß, einige seien vor Angst gestorben, bevor sie Sumter erreichten.

DIE OFFIZIERE UND QUARTIERE.

Die Offiziere, die damals das Fort befehligten, waren Captain JC Mitchell und Major John Johnson. Der Aufseher, der für die Neger im Fort verantwortlich war, hieß Deburgh – ob das sein richtiger Name war, kann ich nicht sagen.

Deburgh war gebürtiger Ausländer. Er war einer der grausamsten Menschen, die ich je kannte. Da er und seine grausamen Taten später in dieser Geschichte zur Sprache kommen, werde ich hier nicht mehr über ihn sagen.

ZUSTAND DER FESTUNG.

Fort Sumter, das zuvor von den Unionstruppen nicht nur zerstört, sondern auch teilweise zerstört worden war, hatte nur eine Kanone auf der Westseite. Diese Kanone nannten wir „Sundown Gun", weil sie jeden Abend bei Sonnenuntergang und auch bei Sonnenaufgang abgefeuert wurde. Auf dieser Westseite waren die Offiziere und Soldaten der Konföderierten während des Bombardements in einem bombensicheren Safe untergebracht. Auf der Ostseite des Forts, gegenüber von Morris Island , gegenüber von Fort Wagner, gab es ein weiteres Apartment namens „Rat-hole", in dem wir Neger untergebracht waren.

WAS DIE NEGER IN FORT SUMTER TATEN.

Fort Sumter war 1863 durch die Unionstruppen so schwer beschädigt worden, dass es ohne Maßnahmen auf der Oberseite durch den anhaltenden Bombardements, denen es bis Kriegsende ausgesetzt war, unbewohnbar geworden wäre.

Das Fort wurde alle fünf Minuten von den Yankees von Morris Island aus mit Mörsergranaten und Papageiengranaten beschossen.

Die Hauptaufgabe der Neger bestand darin, das Verdeck und andere Teile gegen Beschädigungen durch die Kanonen der Union zu sichern.

Auf den Wall des Forts wurden große Balken gelegt und Bretter darauf ausgelegt. Dann wurden Körbe ohne Boden, etwa zwei Fuß breit und vier Fuß hoch, dicht aneinandergereiht auf den Wall gestellt und von den Negern mit Sand gefüllt .

Die Arbeit konnte nur nachts durchgeführt werden, da es dort außer dem Bombardement durch Fort Wagner, das etwa eine Meile oder weniger von uns entfernt war, auch Scharfschützen gab, die Männer schossen, wenn diese ihre Köpfe auf dem Wall zeigten.

Die Mörser- und Papageiengranaten regneten abwechselnd alle fünf Minuten auf Fort Sumter, Tag und Nacht, aber die Scharfschützen konnten nur bei Tageslicht feuern.

Dem Bombardement waren vor allem die Neger ausgesetzt. Die wenigen Soldaten der Konföderation waren nur dann der Gefahr ausgesetzt, wenn sie nachts die Chevaldefrise auf der Brustwehr platzierten.

Der „ Chevaldefrise " ist ein mit Eisenspitzen versehenes Stück Holz, das zur Verteidigung von Befestigungsanlagen verwendet wird.

Im letzten Krieg zwischen den Spaniern und den Amerikanern verwendeten die Spanier Stacheldraht für denselben Zweck.

Wenn meine Leser im Sommer 1864 in Fort Sumter gewesen wären, hätten sie alle fünf Minuten den Ruf des Wachpostens gehört: „ Achtung! Mörser!" Dann hätten sie die Neger gesehen , die verwirrt im Forthof umherliefen und nach sicheren Orten suchten, um sich vor dem Geschoss zu schützen, das mit Sicherheit einem oder mehreren von ihnen den Tod bringen würde. Weitere fünf Minuten und wieder der Ruf des Wachpostens: „Achtung!", bedeutet eine Papageiengranate, die weitaus tödlicher ist als der Mörser, weil sie so schnell kommt, dass man keine Chance hat, sich in Sicherheit zu bringen.

Im nächsten Moment sammelten die Überlebenden von uns, in der Erwartung, dass wir als Nächstes an der Reihe wären, hier und da Teile der abgetrennten Körper unserer schwarzen Mitmenschen auf; viele dieser Körper waren so verstümmelt, dass sie nicht mehr zu erkennen waren.

DEBURGH , DER AUFSEHER.

Deburgh , der Aufseher, von dem ich gesprochen habe, war ein kleiner Mann mit heller Haut und sehr hellem Haar.

Wenn meine Leser im Juli 1864 in Fort Sumter gewesen wären, hätten sie Deburgh mit einer kleinen Eisenstange oder einem Stück Granate in der Hand gesehen, wie er den überlebenden Teil der Neger zurück in die Reihe trieb und zu diesen anderen Negern weitere im Rattenloch als Reserve zurückhielt, um die Plätze der Toten und Verwundeten einzunehmen.

Sie hätten ihn auch lauthals fluchen hören, während er die Neger zwang , sich vom Fuß des Forts bis ganz nach oben in einer Reihe aufzustellen.

Diese Anordnung der Neger ermöglichte es ihnen, sich gegenseitig die Sandsäcke zuzuwerfen, die in Körben auf dem Fort lagen. Meine Leser fragen, wozu der Sand auf das Fort gestreut wurde? Er sollte die

Zündschnüre der Granaten ersticken, die die Wälle erreichten, bevor sie explodierten.

Nach dem Bombardement von Port Sumter im Jahr 1863 durch die Unionstruppen blieb die vierzehn bis sechzehn Fuß dicke Spitze des Forts, das aus New Hampshire-Granit gebaut war, frei. Von diesem Zeitpunkt an bis 1864 wurden die Granaten so gezielt, dass sie direkt über dem Fort explodierten; und es waren die in alle Richtungen fliegenden Granatsplitter, die so zerstörerisch waren.

Die Zünder vieler dieser auf Port Sumter abgefeuerten Granaten brannten nicht rechtzeitig durch, um die Granaten vor dem Absturz platzen zu lassen. Als die Granaten nun auf den Wall des Forts fielen, anstatt auf den Stein zu fallen und zu platzen, gruben sie sich harmlos im Sand ein, was die Zünder löschte und auch verhinderte, dass sie explodierten.

Doch während der Sand die Zerstörung von Menschenleben abschwächte, wurde sie vollständig durch die Hand dieses Viehs, des Aufsehers, wiedergutgemacht. Gott allein weiß, wie viele Neger er im Schatten der Nacht in Port Sumter tötete. Während er die Sklaven, die von den Granaten zerstreut worden waren, zurück in ihre Arbeitsposition zwang, schlug er jedem, den er erreichte, mit dem Stück Eisen, das er in der Hand trug, auf den Kopf und rief, als sein Opfer fiel, einem anderen Neger zu: „Legt diesen Kerl in seine Kiste", womit er seinen Sarg meinte.

Ob die Vorgesetzten in Fort Sumter wussten, dass Deburgh die Neger fast so schnell tötete wie die Granaten von Fort Wagner, oder ob sie es nicht wussten und es ihnen egal war, habe ich nie erfahren. Aber ich habe allen Grund zu der Annahme, dass zumindest einer von ihnen, nämlich Major John Johnson, ein solches Massenmorden nicht zugelassen hätte, wenn er es gewusst hätte. Andererseits glaube ich, dass Captain JC Mitchell nicht nur gemein genug war, es zuzulassen, sondern dass er selbst genauso herzlos war.

Deburgh wurde , ob er in Fort Sumter getötet wurde oder nicht, habe ich nie erfahren.

UNSERE VORGESETZTEN.

Die beiden Offiziere, die im Juli 1864 das Kommando über Fort Sumter hatten, waren Captain JC Mitchell und Major John Johnson.

Negern gegenüber so freundlich, sanft und menschlich, wie man es nur erwarten konnte.

Andererseits waren die Handlungen von Captain Mitchell hart und sehr grausam. Er hegte einen bitteren Hass auf die Yankees und während des

Granatenhagels auf Fort Sumter suchte er jede Gelegenheit, die Neger so großen Gefahren wie möglich auszusetzen.

Ich erinnere mich, dass Captain Mitchell uns eines Nachts befahl, Fort Sumter zu verlassen und zu einem Vorsprung des Steinbetts zu gehen, auf dem das Fort gebaut war, direkt vor Fort Wagner. An diesem Ort waren wir durch die tödlichen Geschosse der Unionstruppen einer weitaus größeren Gefahr ausgesetzt als im Inneren von Sumter, und ich konnte keinen anderen Grund dafür erkennen, warum er uns in dieser Nacht aus dem Fort befahl, als dass wir schneller getötet werden könnten.

Es scheint, dass die Offiziere während des unaufhörlichen Feuers auf Fort Sumter eine Beratung darüber abhielten, ob es nicht besser wäre, das Fort zu räumen. Zu dieser Zeit kam das Gerücht auf – ein Gerücht, dem wir allen Grund hatten zu glauben –, dass Captain Mitchell plante, uns Neger in unserem Quartier in Sumter, bekannt als das Rattenloch, einzusperren, es mit Pulver zu bewerfen und es so einzurichten, dass sowohl die Neger als auch die Yankees in die Luft gesprengt würden, wenn letztere nach der Räumung des Forts durch die Konföderierten Besitz ergriffen hätten.

Aber wir erfuhren, dass Major John Johnson, der inzwischen episkopalischer Pfarrer in Charleston, South Carolina, Captain Mitchell bei einer so barbarischen und feigen Tat nicht zustimmen wollte, und als würde die Vorsehung über die unschuldigen und unterdrückten Neger und auch über die Yankees wachen, weil sie für eine gerechte Sache kämpften, wurden Captain Mitchells Karriere und weitere Chancen, seine grausamen Absichten auszuführen, beendet. Er wurde am 14. Juli 1864 von den Scharfschützen von Fort Wagner tödlich verwundet und starb vier Stunden später.

UNSERE RATIONEN IN SUMTER.

Die in Sumter arbeitenden Neger, mit Ausnahme der Jungen, die Tag und Nacht Nachrichten in die verschiedenen Teile des Forts brachten, wurden tagsüber eingesperrt und nachts zur Arbeit geschickt. Wir bekamen unsere Rationen aus Zwieback und gesalzenem Schweinefleisch zweimal am Tag: morgens, wenn wir die Arbeit beendeten und uns für den Tag zurückzogen, und noch einmal zwischen drei und vier Uhr nachmittags, damit wir rechtzeitig zu Abend gegessen hatten, um bei Einbruch der Dunkelheit zur Arbeit gehen zu können.

Neger keine speziellen Kochmöglichkeiten gab . Wir waren bei der Arbeit nicht nur durch den anhaltenden Granatenhagel in Gefahr, sondern oft wurden einige von uns getötet oder verwundet, wenn wir uns anstellten, um unsere Rationen zu bekommen.

Ich kann nicht sagen, wie sie in Fort Sumter an Frischwasser kamen, da ich mich nicht daran erinnern kann, dass welches mit Booten dorthin gebracht wurde, noch habe ich dort irgendwelche Einrichtungen zum Auffangen von Regenwasser gesehen.

Das Wasser, das wir Neger benutzten, wurde in großen, mit Kohlenteer gefüllten Fässern aufbewahrt. Ich weiß nicht, wozu das Wasser mit Teer versetzt wurde, es sei denn, es war für unsere Gesundheit. Das „Rattenloch", in das wir gesperrt wurden, war wie eine Schwitzkiste. Es war so heiß und eng, dass wir, obwohl wir bei der Arbeit dem Tod durch Granaten ausgesetzt waren, froh waren, an die frische Luft zu kommen.

Wir hatten kleine Becher, in denen sie uns morgens Whiskey gaben, wenn wir hineingingen, und noch einmal, wenn wir abends zur Arbeit gingen.

Ich weiß nicht, wie viele der vierzig Überlebenden der dreihundertsechzig von uns, die im Sommer 1864 in das Fort gebracht wurden, außer mir noch am Leben sind. Aber wenn es welche mit der ausgeprägten Zärtlichkeit eines Negers gibt, können sie nicht anders, als sich mir in einem unsterblichen Gefühl der Dankbarkeit gegenüber Major John Johnson anzuschließen, nicht nur für seinen freundlichen und sanften Umgang mit uns, der einem Neger in den Tagen der Sklaverei so viel bedeutete, sondern auch für seinen menschlichen Schutz, der uns vor einigen der Gefahren durch Granaten bewahrte, denen wir in Sumter ausgesetzt waren.

Kurz nachdem Captain JC Mitchell getötet worden war, wurde Major Johnson durch ein Granatsplitter gefährlich am Kopf verletzt.

MEINE LETZTE NACHT IN FORT SUMTER UND DAS GLORREICHE ENDE DES KRIEGES.

Während der Zeit, die wir in Fort Sumter verbrachten, hatten wir weder einen klaren Tag noch eine klare Nacht erlebt. Im Einklang mit der ständigen Gefahr, die uns umgab, war die Atmosphäre selbst von einem Todesschleier umgeben; denn es war immer regnerisch und bewölkt. Die verstümmelten Körper der Neger , vermischt mit dem schwarzen Schlamm und Wasser im Forthof, machten die Szenerie noch schrecklicher. Bombensplitter und andere Eisenstücke sowie große Kiefernstämme waren überall im Forthof verstreut. In der Mitte des Hofes stand auch ein kleines Lindenhaus, in das wir, wie man uns riet, nicht hineingehen sollten, wenn wir auf den Ruf der Wache hin Schutz vor den tödlichen Geschossen suchten.

Der Befehl lautete, dass wir uns so nahe wie möglich an die Mitte des Forthofs begeben und uns dort hinlegen sollten. Der Grund dafür war, dass die Granaten, die auf Sumter abgefeuert wurden, so bemessen waren, dass sie in der Luft explodierten und die Geschosse in der Regel in Richtung der Seiten des Forts flogen. Aber der Befehl wurde nicht strikt befolgt, denn die Warnrufe des Wachpostens verwirrten uns. In dieser Nacht rannte ich auf den Ruf des Wachpostens zu einem der großen Kiefernstämme und legte mich dort hin. Mehrere meiner schwarzen Kameraden folgten mir und stürzten sich auf mich. Ihr Gewicht war so schwer, dass ich um mein Leben schrie. Das Gefühl dieser Erdrückung spüre ich zu bestimmten Zeiten sogar heute noch.

Beim nächsten Granatenknall rannte ich zum Lindenhaus, aber jemand brachte mich zu Fall, und als ich wieder auf die Beine kam, drängten sich zwölf oder dreizehn andere darin. Ein anderer Neger und ich erreichten die Tür, aber wir waren kaum dort, als eine Mörsergranate auf das kleine Lindenhaus niederprasselte, und alle darin waren so zerfetzt, dass ihre Körper nicht mehr zu erkennen waren.

Nur wir beide konnten gerettet werden. Meinem Kameraden war ein Bein gebrochen, und ein Granatsplitter hatte mich über dem rechten Auge verletzt und meine Unterlippe aufgeschnitten. Als ich verwundet wurde, war ich nicht bewusstlos, aber ich wusste nicht, was mir wehgetan hatte. Die Folgen meiner Wunden hatten mich fast erblinden lassen, aber nicht unmittelbar nach der Verwundung, und ich spürte etwa einen Tag lang keine Schmerzen. Mit anderen Verwundeten wurde ich in die bombensichere Abteilung des Forts gebracht. Ich werde diesen ersten und letzten Besuch in der Lazarettabteilung nie vergessen. Mitzuerleben, wie grob die verwundeten Patienten behandelt wurden, zu sehen, wie sie auf einen Tisch geworfen wurden, als würde man ein Stück Rindfleisch essen, und zu sehen, wie der Arzt mit Messer und Säge ein Bein oder einen Arm, manchmal sogar beides, mit so viel Gleichgültigkeit abtrennte, als würde er einfach Rindfleisch zerlegen, und zu hören, wie der Arzt zu fast jedem anderen dieser Opfer sagte, nachdem ihm ein Bein oder ein Arm amputiert worden war: „Legen Sie diesen Kerl in seine Kiste“, womit er seinen Sarg meinte, war eine schreckliche Erfahrung. Nachdem der Chirurg gefragt hatte, wem ich gehöre, verband er meine Wunden.

Meine Leser werden sich erinnern, dass ich sagte, dass wegen des Bombardements zu dieser Zeit kein großes Boot nach Fort Sumter fahren konnte. Wir mussten in Ruderbooten zurück zum Kai von John's Island gebracht werden, was die kürzeste Entfernung war, die ein Dampfer nach Fort Sumter zurücklegen konnte.

Als eines dieser Ruderboote hinausgeschickt wurde, um die Toten und Verwundeten aus dem Fort zu holen, und als die Soldaten in das Boot gebracht wurden – was normalerweise geschah, bevor man sie in das Boot setzte – feuerten die Unionstruppen glücklicherweise kurz vor dem

Einsteigen der Verwundeten eine Parrott-Granate aus Fort Wagner darauf ab, die sowohl das Boot als auch die Särge mit ihren sterblichen Überresten versenkte.

Meine Leser würden fragen, wie die Konföderierten mit den in Fort Sumter getöteten Negern umgingen. Diejenigen, die nicht zu schlimm verstümmelt waren, wurden in die Stadt Charleston gebracht und an einem Ort begraben, der für die Bestattung der Neger vorgesehen war . Andere jedoch, die durch Granaten so schlimm zerstückelt waren, wurden in Kisten mit Eisenstücken gepackt, ein Stück weit von Sumter weggebracht und über Bord geworfen.

Ich wurde dann zum Kai von John's Island gebracht und von dort mit einem Dampfer in die Stadt Charleston und in das Krankenhaus von Doktor Rag gebracht, wo ich bis September blieb. Dann wurde ich nach Hause auf die Plantage meines Herrn zurückgeschickt. Ich würde die genauen Worte von Major John Johnson zitieren, einem konföderierten Offizier, unter dem ich einen Teil der Zeit an dem oben genannten Ort verbrachte: „7. Juli, Fort Sumters drittes großes Bombardement, das sechzig Tage und Nächte dauerte, mit insgesamt 14.666 Schüssen auf das Fort, mit einundachtzig Opfern."

WAS DANACH GESCHAH .

Ich sagte, dass ich, nachdem ich wieder reisefähig war, nach Hause auf die Plantage meines Herrn geschickt wurde, etwa hundert Meilen von der Stadt Charleston entfernt in Zentral-South Carolina. Das war im September 1864, und ich wartete mit dem Rest meiner schwarzen Landsleute auf dieser weitläufigen Plantage und mit anderen Sklaven im ganzen Süden gespannt auf das endgültige Ergebnis der Emanzipationsproklamation, die im Januar 1863 erlassen wurde, aber da der Krieg noch andauerte, trat sie erst im Frühjahr 1865 in Kraft.

Hier hatte ich weniger Arbeit als vor dem Krieg, denn je näher das Kriegsende rückte, desto weniger hatten die Sklaven zu tun, da die Herren mit ihren Fähigkeiten am Ende waren. In der zweiten Hälfte des Jahres 1864 marschierte General Sherman mit seiner Armee von hunderttausend Mann und fast ebenso vielen Nachzüglern von Georgia durch South Carolina und legte dabei eine etwa sechzig Meilen breite Strecke zurück. Die Armee lagerte für kurze Zeit in der Nähe von Columbia, der Hauptstadt von South Carolina. Im Frühjahr 1865 brach das erste Feuer im Versorgungsgebäude aus, das sich bald so weit ausbreitete, dass die ganze Stadt Columbia zerstört wurde; nur einige Häuser in den Vororten blieben übrig.

Das Versorgungsgebäude wurde von einer der beiden Parteien in Brand gesteckt, aber es konnte nie ganz geklärt werden, ob es von General

Shermans Männern oder von den Konföderierten getan wurde, die es, wie einige vermuteten, in Brand gesteckt haben könnten, als sie die Stadt evakuieren mussten, um General Shermans Männer davon abzuhalten, an die Lebensmittel zu kommen. Danach wurde Columbia von einem Teil von Shermans Männern besetzt, während die anderen weiter nach North Carolina marschierten.

DAS GLORREICHE ENDE.

Zum Abschluss dieser kurzen Skizze meiner Kriegserlebnisse möchte ich meine Leser bitten, mit mir ein wenig in die Vergangenheit des Krieges zurückzublicken. Ich möchte ihnen einige der düsteren Bilder des Sklavensystems zeigen. Horch! Ich höre das Klirren der Ketten der Pflüger auf den Feldern; ich höre das Stampfen der Füße der Hackarbeiter. Ich höre die raue und harsche Stimme des schwarzen Fahrers und die schrille Stimme des weißen Aufsehers, der die Sklaven beschimpft. Ich höre das Schlagen der Peitsche auf den Rücken der Unglücklichen; ich höre sie um Gnade vor den Erbarmungslosen flehen. Inmitten dieser Grausamkeiten höre ich die Väter und Mütter ihre Seelen im Gebet ausschütten: „O Herr, wie lange noch!" und ihre Schreie erwecken nicht nur das Mitgefühl ihrer weißen Brüder und Schwestern im Norden, sondern beunruhigen auch die Sklavenhalter des Südens mächtig.

Der Beschuss von Fort Sumter im April 1861 gab den Sklaven die Hoffnung, dass das lang ersehnte Jubiläumsjahr nahe bevorstand. Und obwohl der Süden einen Sieg nach dem anderen errang und die Union wie ein Betrunkener hin und her taumelte, verloren die Neger nie die Hoffnung, sondern unterstützten die Sache der Union treu mit ihren Gebeten.

Gott sei Dank kann es dort, wo das Christentum existiert, keine Sklaverei geben.

Endlich kam die Freiheit. Und welche Freude sie brachte! Ich stehe jetzt in Gedanken auf einem hohen Platz direkt außerhalb der Stadt Columbia im Frühling 1865. Die Sterne und Streifen schweben in der Luft. Die Sonne kommt gerade hinter den Hügeln hervor und wirft ihr schönes Licht auf grüne Büsche und Bäume. Die Spottdrosseln und Eichelhäher singen an diesem Morgen süßer als je zuvor. Unter der Flagge der Freiheit versammelt sich ein perfektes Netzwerk der befreiten Sklaven aus den verschiedenen Plantagen, deren dunkle Gesichter aus der Ferne wie das glatte Wasser eines schwarzen Meeres aussehen. Ihre Stimmen zerreißen die Luft wie entfernter Donner:

„Der alte Herr ist fortgegangen und die Neger sind alle zu Hause . Jetzt
muss das Königreich kommen und das Jubeljahr.“

Die alten Männer und Frauen, gebeugt durch Alter und Knechtschaft, an
ihre Stöcke gefesselt, loben Gott für seine Erlösung.